追求極限

呂大朋著

文史哲出版社印行

國立中央圖書館出版品預行編目資料

追求極限 / 呂大朋著. -- 初版. -- 臺北市 :
文史哲, 民82
面 ; 公分.
ISBN 957-547-219-5(平裝)

1. 人生哲學

191 82003201

追求極限

著者：呂大朋
出版者：文史哲出版社
登記證字號：行政院新聞局局版臺業字五三三七號
發行人：彭正雄
發行所：文史哲出版社
印刷者：文史哲出版社
台北市羅斯福路一段七十二巷四號
郵撥〇五一二八八一二彭正雄帳戶
電話：三五一一〇二八

實價新台幣二四〇元

中華民國八十二年五月初版
中華民國八十二年八月初版二刷

ISBN 957-547-219-5

追求極限　目次

壹、序言

這是個社會多元、機會均等和希望無窮的時代。同時，也是個競爭激烈、禍福無常和人生盲點多多的時代。

雖然，很多人都有「人生不如意事，十常八九」的感歎和無奈。但，除非身心已不健全，有誰甘願屈服現實或向「命運」低頭？

因此，芸芸衆生日思、夜夢，太多的困惑、疑慮、煩惱，宛若蠅蚋附羶似地揮之不去！例如：

△生命的意義爲何？生活的目的又是什麼？

△人生在世爲什麼要活得這麼辛苦？

△學問、事業、幸福、健康，同樣付出努力，爲何際遇各殊、結果不同？

△「優勝劣敗、適者生存。」如確為眞理，那「適者」的定義又是如何？

△成功、失敗，究意是「命運天注定」還是「命運操之在己」？

△宗教信仰對危機四伏的現實有用嗎？從天人合一的角度看待宗教，是「神」依靠人，還是人依靠「神」？

△陰陽風水果眞攸關興衰吉凶嗎？

△生命來自何處、又走向何方（是天堂、地獄、轉世，還是「人死燈枯」一了百了）？

……………

「極限哲學」從進化的觀點論，是階段性的升華；就人生的境界看，「山山見峰、有高有低。」「追求極限」是著者從宇宙法則的「廣角」，拉到人本主義的「焦點」。以邏輯結合實證、深人淺出，為廣大讀者提供一個新的思維方向和人生著力點。至於如何融會貫通，使成「登峰造極」（各自顚峰）的助力，套句兵家術語「運用之妙存乎一心」。畢竟登堂入奧，「鎖匠」不能全程代勞。況且，有心闕疑，啓迪之鑰已經掌握在讀者自己的手中！

著者　呂大朋

貳、極限與極限哲學的涵義

在進入極限哲學的門徑之前，首須弄清何爲「極限」。

幾乎每個人在童年時代，都有過吹泡泡的經驗。肥皂泡沫由膨脹、飛舞到幻滅只是一瞬間，這瞬間的幻滅，就爲肥皂泡泡爆出了極限。

當今品質最佳的充氣輪胎，假如只能承受時速四百哩的風阻（空氣阻力），卻使其承受超過四百哩的風阻，便有發生爆胎的危險。若要使其承受兩倍以上的風阻，這兩倍以上的風阻，無異一道「風剪」，足以將輪胎切成碎片！由此可知，四百哩爲當今輪胎抗阻的極限，而安全設限，應在四百哩以內。

人類在各種體能競賽中，不斷刷新紀錄。而在科技上的成就，更是一日千里。甚至，能夠想得出來的「點子」，都不難一一實現。但，人類卻永遠長不出翅膀，也就是說，人類不可能像鳥一樣，只靠本能就一飛沖天，可見人類本能的極限止於地面。

基因工程學，發現遺傳基因，對後天的健康和壽命具有決定性的作用。凡有遺傳病灶的人，其壽命註定要比常人爲短，絕非後天的保健所能彌補。即使沒有遺傳病灶，由於各人生命基因的品質不一，「大限」自亦各殊。如果某人的「大限」是七十歲，即使保健「到家」，到了七十歲亦必無疾而終。所謂「大限」也者，就是各人自然壽命的極限。

民國七十七（一九八八）年，臺灣輿論颳起一陣「翻案風」，包括雷震、孫立人、張學良，都成爲某些新聞媒體冷飯熱炒的對象。其中有關雷震案，自由派以歷史見證人的口吻說，雷震三十年前大膽提出「反攻無望論」，事實證明是「鐵口直斷」，「反攻大陸」政府喊了四十年，迄今依然原地踏步。至於抨擊「黨禁」、「報禁」，也純粹出於士人良知與民主理念，何罪之有？「解嚴」後政府改以「三民主義統一中國」號召代替軍事反攻，並且黨禁、報禁一起開放，這就更加證明雷震的政治冤案應予平反，云云。殊不知此一時也彼一時也，以當年國家處境危殆，生死存亡不絕如縷的情況而言，鼓吹「反攻無望論」，寧無「一言喪邦」之虞？而總體意志凝聚之不逮，開放黨禁、報禁徒然製造分歧、授敵以隙，誠所謂一盤散沙難敵一粒頑石。如今，潮流所趨、形勢改觀，民主開放不失爲贏的策略。這也就是說，民主自由的極限今非昔比，不可同日而語。

民國六十（一九七一）年，中華民國被迫退出聯合國，外交風向丕變，許多盟邦見風轉舵，紛紛捨我而就中共，而我政府也別無選擇地「賊來漢走」。在骨牌效應下「走」了十年，終於有了轉機，原因是我們創造了「經濟奇蹟」。語云：有蜜，蜂自來。往日背棄我們的國家，又多回頭示好，甚至遠在北歐、南美的外邦，也都接踵叩訪，足證「富在深山有遠親」的是眞理。

爲順應外交新局，我政府調整策略，打出所謂「實質外交」或稱「務實外交」牌。於是，時論大加讚揚，咸認執政黨終於開了竅。當然，褒今即所以貶昔，衆口一致，將「漢賊不兩立」的「陳酒」喻爲「毒藥」。有人甚至爲過去的保守外交「擲筆三歎」！其實，只要不太健忘，回顧當年的中華民國，除了「堅守民主陣營」的意識牌之外，還有什麼牌可打？既無王牌又無籌碼，空叫「實質」、「務實」，徒然自取其辱而已。與其等人「逐客」，何如自家知趣？客觀地說，西元七〇年代，我們的外交極限是「少輸爲贏」。要打所謂「務實牌」豈不貽笑大方？

民國七十六（一九八七）年，臺灣地區解除戒嚴之後，勞資紛爭不斷，環保抗爭動輒聚衆圍廠。於是，「法不繩衆」，公權力靠邊站。只要人多即使理不直氣也壯，「會鬧的孩子有糖吃」，便成了自力救濟的社會心理症候群。但任何抗爭都應有個平衡點，超越平衡點，必然得不償失，甚至兩敗俱傷。

所謂平衡點，就是抗爭的極限。例如，勞工要求加薪或改善工作條件，必須兼顧企業的生存發展，否則無異殺雞取卵，終將自食惡果。但，事實上工會幹部，往往藉抗爭膨脹自己，將手段視爲目的。而勞工朋友或昧於勞資間的依存關係而盲從附合，或受制於因抗爭立場的默契而不得不然。殊不知一旦資方被迫撤資、關廠，就是勞工失業夢魘的開始。

至於環保的平衡點在那裡？現代人皆知環境保護與經濟發展不能偏執。然而，在溫飽猶不可得的年代，那有資格談環保，畢竟塡飽肚子重於一切。及至產業經濟超越農業經濟，環保問題就不能再被忽視。但環保運動以無礙經濟成長爲極限，如果走火入魔，那並不表示明天會更好。

人有極限、物有極限、事有極限，一言以蔽之，萬事萬物皆有極限。因時空因素之變化與主客條件之互動，極限的標的容有階段性或晦蒙化，但卻並非完全無從拿捏或掌握。

極限哲學是以探討人生奧秘爲基本旨趣，每個人先天的秉賦各殊，後天的際遇難以逆料，在世事滄桑、人海浮沈中，主觀容能克服客觀，而客觀更能決定主觀。況且，人類是生存於宇宙的大環境，無法不受宇宙法則的支配。是以極限哲學基本上是宇宙觀的人本哲學。爲避免流於空泛，乃將人生奧秘的探索，局限於四大著力點，即學問、事業、婚姻與壽命四端。雖然，對人生成敗利鈍、興衰順逆的析論略具命理色彩，但與一般命理流派大異其趣，更與星相占卜等玄學、巫術相去十萬八千里。

叁、宇宙觀人本主義的闡釋

人類學家把人類的始祖歸類於猿科動物，並且說「猴子」是人類的「近親」。人類的始祖全身是毛，用四肢走路，而且長有尾巴。經過漫長的進化過程，人類改以上肢工作、下肢走路，兩隻手臂在行進中前後擺動，以平衡身軀和調整方向。於是，那多餘的尾巴，就不知不覺地給淘汰了。

這一說法，就如同地球物理學，對地球誕生過程的描述一樣，在提出有力反證之前，只能想當然地接受了。不過，與其相信人是「猿猴」變的，倒不如堅持人類就是人類，一開始人類就與一般猿猴有別。否則，爲什麼除了人類，其他猿科動物，到現在仍然沒有什麼進化？而人類不僅是知性的動物，且在不次進化的超越中，已經邁入高度文明的多元社會。

如果以超然的立場來看人類，就更加覺得造物者的巧思和神來之筆。

首先，就人類的面貌而言。眉、眼、耳、鼻、口，這麼平凡的「零組件」所「拚裝」的臉龐，不僅聽、看、說配合無間、表情萬端，最最奇妙的，舉世五十億(即使到了百億、千億)人口，居然沒有兩個人的相貌完全相同，即使是多胞胎或雙包胎，亦復如是！再看人類的指紋，非「箕」即「斗」，紋路線條何其簡單，然而，全球數十億人口，也無法找出兩個人的指紋完全相同。如果仔細觀察，每個人走路的姿態都不一樣，甚至聲音笑貌，亦各具特色！準此推敲，人類那內蘊的心智、個性和潛能，難道不會是人人各殊？

現代心理學，以血型分析性格，早期只區分A、B、AB——O四型，晚近又有所謂隱性說，認爲四分法之所以不夠精確，是因爲每種血型，均另有不同的隱性。例如：A型人如兼具B型的隱性特質，其性格就變得相當中庸，不會太過內斂、多愁善感，也不會太過熱情奔放。但自從基因工程學出現後，隱性說仍不免失之粗糙。可見，人類從內到外，既平凡而又奇妙，譽之謂造物者的傑作實非過甚之詞。

談到基因工程學，會使世人的眼睛一亮。人體內外可比喻爲兩個世界，如果，體外的自然環境稱爲「大千世界」，那麼，體內的生理環境，就是不折不扣的「小千世界」。這兩個世界的任何變化，對人的心理和生理，都會產生直接或間接的影響。

基因工程，是二十世紀的新發現。據說，每一基因，有四十六個染色體，其中兩個是性染色體，餘爲體染色體。前者能決定性別，後者具有各種遺傳因子，每個基因，能發出無數訊號。基因科學家說，若將這些訊號，以英文字母加以排列，需時五十年始能讀完！科學界公認基因工程學，是本世紀末葉三大科技之一（另二者是電腦和機器人），目前的成就，還只是起步而已。在此輕輕帶上一筆，旨在強調「小千世界」的不可輕視。事實上，僅就人體五內的生態而言，只要輕咳一聲，便會如雷貫耳。大口喝水，無異水庫瀉洪。打個噴嚏更像七級強震，使無數寄生「小千世界」的小生命不知所終！

人類軀體不簡單已如上述，但更加不可思議的，人類平均身高不及六尺，體重也不過六十公斤。既無靈牙利爪，亦不見頭角峥嶸，走路搖搖擺擺，跑起來比許多草食或肉食動物都要慢許多。然而，海洋裡的龐然大物—鯨魚，幾被人類趕盡殺絕。陸上的巨無霸—大象，如非國際間的保護聲浪日高，必隨二十世紀的結束而宣告絕種。兇猛如獅子老虎，只有乖乖地待在動物園，才能免於饑餓。等而下之，豬羊雞鴨，要肯「犧牲奉獻」，爲人類的營養補給上刀俎下油鍋，才能換得繁衍綿延的生存權利。

人類掠奪了地球陸地所有的資源，海洋生態也難維持平衡。同時，又不斷在地殼「打洞」，使地球百孔千瘡，大量「失血」、「脫脂」，但若大地有靈，恐亦徒歎無可奈何！

然而，人類縱能「翻江倒海」，若想「揭地掀天」，還有很長的路要走。依據現有的天文知識，地球和太陽老爹所屬的銀河系，就有數千億個恆星（一說有一千億個），各恆星的間距，平均不下十光年。光速每秒二九萬九千八百公里，每分鐘一千七百九十八萬八千公里，每小時十億七千九百二十八萬公里，每天二百五十九億零二百七十二萬公里，每年爲九兆四千五百四十四億九千二百八十萬公里！這一年的光速稱爲光年，以一光年乘於十，可見本銀河系各恆星的間距，已經令人咋舌，遑論約有二千億個銀河的宇宙天體！

在本銀河系的數千億個恆星系中，與太陽相若的約佔千分之一。即本銀河系，約有數億個類太陽恆星！而宇宙中，像本銀河系的星團系（大宇宙中的小宇宙），總數至少亦在千億以上！那麼，整個宇宙天體，究有多少個類太陽，不要說無從估計，即使有人能提出一個較具說服力的數字，讀起來不僅「頭大」，且連舌頭也會打結！

宇宙中有多少類太陽，對地球人類本無直接關係，但是，既然地球上有智慧生命，本太陽系就有一個地球，宇宙中所有其他的類太陽恆星系，難道全都沒有類地球？如果在邏輯上不能否定宇宙中的類太陽及類地球所在多有，那麼，除了「天外有天」，「人外有人」的推理，誰曰不能成立？

「天外有天」是不爭的事實，「人外有人」在理論上也有立足點。因此，儘管地球村目前仍顯得孤寂落寞，但展望未來，人類必會面對外來的競爭和挑戰。

第二次世界大戰結束以來，不明飛行物（又稱飛碟），出現的頻率激增。不少報導更繪聲繪影地說，外星人一再造訪地球，甚至有人挺身作證，說自己曾被擄入飛碟，捉放之間恍如隔世。當然，所有的傳說都有破綻，即使有照片爲證。

飛碟給人最大的困惑，是它的「神龍見首不見尾」，如果它確實來自外星，那麼它的目的何在？若是善意的造訪，爲何又一味神秘兮兮？假定是爲了「採樣」，那麼，爲什麼不把擄到的人帶走？由於飛碟的面紗迄未揭開，地球村所能做的和所應抱持的態度，恐怕就只有提高警覺，加強憂患意識，更不該老是「勇於私鬥」。須知不速之客終將正式叩訪地球，是禍是福，並不操在訪客之手，而是決定於人類自己的造化。

過去人類一直自詡爲「萬物之靈」，今日，人類如果不再「坐井觀天」，就應以開闊的胸襟，立足地球、放眼宇宙。易言之，人類必須修正以往的觀點，落實宇宙觀的人本位。

認識人類只不過是地球上的「萬物之靈」，在浩瀚的宇宙中，必有類人類或超人類的智慧生命，散居於無數的恆星系中，在天文學家和天體物理學家的努力之下，固然不能預期隔天就會獲致明確的答案，但，揭開謎底的日子，終究不會太遠。

爲什麼極限哲學要攀附天文科學？原因是人類不能自外於宇宙境界的「大千世界」，也就必然要受宇宙法則的影響或支配。是以，極限哲學必以宇宙觀爲先導條件。它是站在以人爲本的立場放眼宇宙。然後反轉鏡頭，從宇宙「廣角」，爲人生四大目標測出恰當的「焦距」。因此，極限哲學具有人本主義的屬性，歸根究柢就是宇宙觀的人生哲學。

肆、宇宙法則支配一切

太陽系之於宇宙天體，若喻之爲汪洋中的一葉浮萍，那麼，小小的地球便渺似滄海之一粟。要形容我們人類，以「塵蝨」自況，猶不免有自我膨脹之譏。但，無論如何，萬物同源，萬物皆爲宇宙所有，天人關係於焉確立，而人類也就理所當然地要受宇宙法則的支配了。

極限哲學所肯定的宇宙法則，包括自然定律、循環定律、動變定律與平衡定律。這四大定律，爲宇宙秩序之所本與宇宙運作的常軌。宇宙萬物的生存與演化，固然受其支配，但亦有所托庇。

自然律爲宇宙萬物的進化，設定一項鐵則，那就是達爾文進化論所說的「物競天擇、適者生存。」整個宇宙充滿了競爭的活力，但生存權並非操在強者之手，而是取決於優劣之分。適者即優者，所以，惟適者才握有生存權。從這一理念看人生，就不難了解，一切痛苦和拂逆，都是人類生存進化必須付出的代價。

我們在地球上居住的人，常於夜空中，見到彗星（俗稱流星）曳著光尾滑空而過。就現代天文知識而言，大概只有哈雷等少數彗星，會週期性地穿越太陽系，並在地球門前留下芳蹤。其他的彗星或流星雨之所以瞬間即逝，顯然是被磁場較強的行星所吸引、併吞。這是太空中「弱肉強食」的最佳寫照，沒有什麼是非、公理和正義，只有贏和輸的遊戲規則。贏者「理所當然」；輸家「無怨無悔」！

在地球上，如前所述，諸如虎豹獅象，如非人類的「慈悲爲懷」而刻意保護，終將難逃絕滅的命運。這些動物不是性情兇猛，就是體型碩大，但卻全都不是強者或優者，亦即並非眞正的適者。反觀蚊子、蟑螂，任何惡劣的環境，都可生存繁殖。溫帶的蚊子，秋風一起便不知去向，但在亞熱帶，寒流來時，蚊子就無影無蹤，寒流一去，立刻又活躍起來。從前的蚊子，無水不能孳生，現在的蚊子，在陰濕的草叢中就能繁殖。牠們忍飢挨餓的本能，令生物學家驚奇不已，吸食動物和人類的血液不是爲了活命，而是爲了製造基因「傳宗接代」。儘管紗門紗窗具有防蚊的功效，但除非住屋無人進出，否則，隨著進出的人氣，蚊子會如影隨形地穿堂入室。從前的蚊子，以為天花板最安全，現在的蚊子，懂得藏身殺蟲噴霧的「死角」。更絕的是，白天叮人的蚊子，全都採取「奇襲」戰術。深夜叮人的蚊子，在俯衝時還要「心戰喊話」一番，簡直對人類是雙重「迫害」！

至於一向愛好和平的蟑螂，儘管人類對牠們成見很深，但牠們就是跟定了人類，而且「交朋友」不計貧富貴賤，除了住房子不付租金，有點賴皮兮兮之外，倒還滿懂得「作客之道」。牠們白天「深居簡出」，主人的衣物從不任意破壞，最多是隨地「方便」而已，不過，這也難怪，因爲牠們總不能爲了「環保」而犧牲安全。

這種小精靈，一週不進食，三個月不喝水，照樣可以活命，有吃的絕不挑嘴，飯屑菜渣、有機垃圾，幾乎無所不吃。當然，磚石、水泥和金屬物牠們啃不動，但連泊麗龍餐具也照吃不誤，就夠讓人不得不佩服了！

一般殺蟲劑和滅蟑毒藥，常會奪去不少生命。但蟑螂也能產生抗體，這次不死，下次一定不靈。而且，遇難的蟑螂還會發出「警訊」，使其他蟑螂知所警惕。果真此處安居不易，牠們就會效法林肯的老爹「遷地爲良」。當然，這並不表示從此一去不復返，等屋主的火氣消了，牠們還會帶領蟑子蟑孫「重歸故里」。於是，生物學家幽默地說：「看起來不是人類鬥不過蟑螂，而是蟑螂的本性念舊，牠們就是喜歡和人類作鄰居、攀交情，人類何必硬要拒牠們於千里之外？」然而，在幽默之餘，生物學家又會感歎地說：「人類一向自詡爲萬物之靈，一旦地球的資源耗盡，蟑螂將取代人類，成爲地球村的眞正主人。因爲牠們雖然不具強者的形象，卻是如假包換的適者。在地球上，唯有適者握有絕對的生存權！」

宇宙法則的第二個定律是循環律。宇宙萬物在競爭和進化中，均有循環軌跡，人間事亦復如是。物換星移、生死榮枯是循環，成敗順逆、悲歡離合亦有循環。無疑地，戰爭與和平，更在歷史的軌跡中看到循環。循環的週期或是十分規律的，或是曲突迴旋的。例如，地球溫帶的氣候，一年分四季，季季有節令，幾乎毫釐不爽。至於經濟面的繁榮與蕭條，政治上的分分合合，國際間的戰爭與和平，還有自然界的天災（風災、旱災或水災）地變（地震與火山爆發）等等，其循環的週期容不定準，但其循環的慣性卻是天經地義的不容置疑。

過去，臺灣產業主力的紡織，榮枯循環不出四年。八〇年代的建築業，景氣盛衰平均五到七年一循環。三國演義的作者羅貫中，開宗明義地說：「夫天下大勢，分久必合，合久必分。」綜觀今日世局，再印證「羅說」，眞可謂一語道破循環的歷史效應。

從社會現象看，性的開放與保守；服裝的新潮與復古。遜至一切風氣時尚，無不有其週期性的循環。循環的交替，容無明顯的徵兆或預警，但若善用統計學，仍不難從歷史軌跡中，捕捉到循環週期的預兆而知所因應。

以地震爲例，臺灣西海岸，每隔五十年，即會發生一次瑞士地震儀七級以上的強烈地震。專家警告說，臺灣最近的一次大震災，是發生於民國五十一年（一九六二），未來二十年間（亦即民國一〇〇年前後），嘉南地區出現週期性大地震的機率，幾乎是百分之百。

爲甚麼嘉南震災的週期是五十年？這與地下能量的儲積有關。因爲，位於地震帶的地球板塊，在正常的活動中，均只釋出少許能量，嘉南地區，每隔五十年，地下能量的儲積即達飽和狀態，於是強烈地震就在板塊推擠的異常活動下應運而生。震災過後地下能量虛脫，又須五十年才會歷史重演，從而產生週期性的循環。

再舉具體而微的實例如下：女人的裙子忽長忽短，時寬時窄。四〇年代的窄裙須長過膝蓋，方爲適度的尺寸。爲顧及行動方便，就在左右開個小岔或在後尾三分之一處留有裙摺。到了五〇年代喇叭褲盛行。六〇年代迷你裙與喇叭褲互別苗頭，結果，迷你裙佔了上風。之後，迷你裙又爲牛仔褲所取代。進入七〇年代，女裝轉趨保守，上班族的穿著更是中規中矩。八〇年代出現褲襪，外加迷你短裙。九〇年代超級迷你裙與迷彩褲互相比俏。前者與褲襪搭配，含蓄中透著性感；後者標榜新潮卻難譏為豪放。

至於女人的髮型，就在十年前，或長或短仍以捲曲為主，因這類髮型配合臉型設計，是髮藝中最耐鑑賞的一種。八〇年代末期，流行披肩長髮，展現原始風貌，接著不知不覺中，滿街都是單調的蛇紋狀髮型。在男人眼中，這種髮型乏善可陳，反而使俏麗佳人的美貌減色不少。但是「流行嘛」，誰能抗拒這股流行風？有的女性很前衛，新奇就是美；更多的女性愛跟風，流行就是美。當然，還有一些女性很自我，有原則、有定見、也頗執著，無奈燙髮師也是跟著風向走，否則，只怕愛時髦的顧客「花渡別枝」。這樣以來，「很自我」的女性沒轍了，只好乖乖地跟著大流走。不過，這股流行風肯定不會維持長久。人性愛變一如氣候，下一個循環是什麼，帶動流行的髮藝「專家」，該聽聽男人的意見吧？

男人的衣著變化較少。不論西裝外套或襯衫，多在領口上打轉兒。二十年前流行寬領，十年前流行窄領，現在又取「中庸之道」，這是指西裝上衣的領口而言。至於胸前的鈕扣，近半個世紀，先是雙排式，未幾，流行三扣式，接著是兩扣式，現在又復古到雙排式。而襯衫也從大領、小領恢復為中領，不過還看不出什麼時候，會復古到民初的那種圓角式。

然而，可以確定的是，成衣廠商和服裝設計師，也有「七年之癢」的慣性。每隔一段時間，就想製造點新鮮感，只是要想搔到消費者「思變」的「癢」處，還眞煞費思量，才能拿捏得準。

男人的髮型，說起來感慨萬千。滿淸時代中國男人紮辮子，西方人覺得好笑，國父視爲「國恥」。辛亥革命成功，靑年人立刻「削平」這個「國恥」。但不幸發生二次革命，保皇黨展開「護髮」整肅，把留西裝頭的男人叫做禿子，於是「殺禿子」之聲，此起彼落，一時之間因辮子「革命」，不少靑少年人頭落地，成爲悲情史話。更奇的是，越戰前後美國墮落的一代，世稱嬉皮，居然留長髮、不修邊幅，以比邋遢爲時尙。這股歪風吹向東方，黃皮小子竟不乏「東施效顰」起來！進入八〇年代，文化藝術界，又有不少男人紮「馬尾」以示「不凡」。可是，這股歪風是打從西邊吹過來，不是咱們中國人懷舊復古，所以西方人見怪不怪，淪爲「弱勢文化」的中國人也就「不滿意但可以接受」了。

回顧兩岸開放交流之前，中國大陸還是「毛裝」當令。幾乎一夕之間，高級共幹悉皆「沐猴而冠」，西裝革履一派文明形象；民間則「藍螞蟻」變成了「花蝴蝶」。不僅穿的文化轉變之快令人吃驚；娛樂文化轉變之大尤令人瞠目結舌。搖滾樂、靡靡之音廣受歡迎，幾近瘋狂程度，月入百餘元的低收入者，為了躬逢臺灣歌手演唱會的盛況，不惜以二三百元的代價買張黃牛票！這代表什麼意義？應該說是「物極必反」的循環效應吧！

純就心理學驗證，無論什麼款式的衣服穿久了，就想換換樣子，即使是換件款式不同的舊衣服，穿在身上也有新鮮感。大魚大肉吃膩了，於是，青菜豆腐最可口。同理，久雨望晴、久旱則雨、亂久思治、靜久思動，甚至富貴久了，也想體驗一下貧賤的滋味。……可見循環律不論優劣、得失；保守、開放。惟其不停的運作，才使宇宙、人間充滿活力。

宇宙法則的第三個定律是動變律，從因果關係看，動變律似乎附麗於循環律，但沒有動變，一切歸於靜止，循環又從何而來？因此，與其說動變律是附麗於循環律，毋寧說動變與循環是互為表裡。在循環過程中，靜（常態）中有動、動中有變；得中有失，失中有得；生中有死、死即是生。從漸變到突變，隱晦了過程凸顯了結果。這正說明了動變律具有「含蓄內斂」的特性。然而，如果過份強調動變律的神秘感，那又未免失之偏頗。其實，在世人生活與工作領域中，動變律幾乎是如影隨形、無所不在。而且，只要稍微留意，便能發現它的蹤跡。茲舉數例，以證明其並非不可捉摸。

某君數年前，於臺北市士林區一座大廈購得新居。夫婦倆對新環境相當滿意，生活愜意無比（靜）。不久，太太由**A**單位轉任**B**機構新職。因交通不便，乃興起換屋之念。當時有人出價每坪九萬，某君認爲吃虧太多而婉言拒絕。拖到一年以後，該大廈一樓出現啤酒屋，四樓也掛上了色情「理容」招牌，而同一樓層更有生張熟魏，夾雜花枝招展的陌生女子進進出出（動）。某君的太太感覺氣氛不對，力主早搬爲妙。但售屋紅條貼出，所有看房子的人，都只肯出價每坪七萬以下！究其原因，是由於該大廈環境品質每下愈況，有意購屋者皆望而卻步（變）。只一年功夫，房屋貶值三分之一，某君夫婦爲之氣結。

王先生早於三十年前，就在省立臺北師專（後改制爲師範學院）對面，開設一家雜貨店，雖然多年來當地人口未見顯著成長，但老主顧一直都很照顧，生意堪稱興盛（靜）。可是，隨著道路的拓寬，高樓一幢幢拔地而起，他家的生意反而日漸萎縮，幾乎門可羅雀。爲甚麼人口增加，生意反而清淡，王先生百思不得其解。其實道理很簡單，大樓林立，人口素質也提高了，各行各業全都跟著時代調整步伐（動）。有一天王先生到超級市場逛了一圈，這才明白光是死守著「將本圖利、童叟無欺」的經營理念是不夠的，顧客需要更多的便利和更多的選擇（變）。消費需求和行銷觀念都在變，王先生卻始終以不變應萬變，最後爲情勢所迫不得不變，而他的「變」竟是萬般無奈地關門大吉！

●

某夫婦把舊宅賣掉，選在國父紀念館附近買了新居。夫婦二人雖然都很滿意毗鄰公園的住家環境，但二人以往的生活習慣並未改變。太太早晨依舊「賴床」，先生則照常早起投入健身行列（靜）。在多樣化的健身活動中，先生結交了一位教社交舞的異性「單身貴族」，彼此日久生情，竟然迷迷糊糊地「舞」進了香閨又「舞」上了床（動）。未幾，太太發覺先生越起越早，回來反而越來越遲，因此起了疑心，非要一察究竟不可。某日，她起了個大早，尾隨先生緊迫盯梢，詎料一出大門，先生就一溜煙似的不見了。急急奔往公園也遍尋不著，只好回到門口佇候郎歸。將近八點鐘，忽然眼睛一亮，見先生從左鄰的大廈，輕飄飄、樂陶陶地走了出來！夫妻回到家裡，免不了一番爭吵。先生理不直氣不壯，只好承認感情走私。之後，閨房勃谿時起，溫馨家庭從此雞犬不寧（變）。

動變律與循環律的微妙關係，一如蛋生雞、雞生蛋。但動變與循環儘管永無休止，卻又好像總是從零出發又回歸到零。

在自然科學中，令人最感興趣者，莫過於地球的水資源。沒有水，地球上不會有生物。但水從那裡來？常識上水是天上降下來的。天上的雲（水氣）遇冷則凝爲水珠，水珠受氣壓的影響或雷電的震撼而下降，是即所謂雨。雨降到高山或草原滙成河川，然後注入大海。海洋受日光的照射而蒸發水氣，水氣再升空變成雲，雲遇冷空氣變作雨，於是，雨又會下降到地球上。這一自然現象饒有趣味，但最令人驚奇的，莫過於大氣中的水加上地球上的水，永遠一滴不多，一滴不少！即使兩極冰帽突然溶解，把低於海平面的陸地全部淹沒，那也並不表示是水多爲患，而爲冰山溶化所致。今日的青青草原，可能原是一片沼澤；原本是海天一色，也不乏突然冒出小島的實例。所謂滄海桑田、造化多變，但水的總量卻永遠不變！其實，整個宇宙的物質，儘管「千變萬化」，其總量永遠不多一絲、不減一毫，不亦奇哉！

宇宙法則第四個定律是平衡律，在動變、循環的過程中，由於主觀與客觀的矛盾或內在與外在的失調，必然產生失衡現象，於是，平衡作用就會及時出現。在四大法則中，平衡定律的調節、緩衝與矯正作用至關重要，沒有平衡律，進化就如脫韁之馬，完全失去控制。所謂「物極必反」、「否極泰來」、「一失必有一得」、「一物必有一剋」、「久陰必晴」、「久旱必雨」、「久亂思治」……凡此均不出平衡定律的運作。茲舉若干例證如下：

舊式掛鐘或座鐘，須靠鐘擺的動力而「自強不息」。那麼，鐘擺爲甚麼會擺動不停？或曰：是由於上足了發條。但，如果違背了槓桿原理，上足了發條還是會停。例如，將古典掛鐘作三十度的傾斜，掛鐘即不再運作，原因就是平衡出了問題。

有人肢體健全，連香港腳的小毛病也沒有，但走起路來卻像鴨跩鵝行。那顯然是心理不平衡，導致身體不平衡。嚴重性的心理失衡，如果無法有效調適，久之，必然精神恍忽、意識錯亂；甚至人性泯滅、發爲獸性而闖下天理不容的大禍！所以，有潛伏性精神病的人，就如同一座移動的小火山，隨時都有爆發的危險。

太平洋北迴歸線上，每年入夏颱風連連。北美的龍捲風更使山姆叔叔「談風色變」。爲甚麼颱風和龍捲風，總是那麼「念舊」，專愛光顧「老朋友」？根據氣象常識，皆與大氣失衡有關。以颱風言，由於季節更替，海洋溫差急劇變化，致使某一地區的大氣，呈現稀薄狀態，於是鄰近地區的大氣，迅速補充過來，在「前呼後擁」之下，逢虛直衝、逢實打轉，於是裙裾過處海浪滔天、大地變色！這個過程，本是爲了平衡，但由於「矯枉過正」反而造成後繼無力的眞空。這就是爲甚麼颱風季節，往往一個甫去一個又來。但儘管颱風「惡性重大」，如果不是颱風調節雨量，位於颱風走廊的若干島國，乾旱起來更加要命！此即所謂「得中有失，失中有得」，不管因果如何循環，平衡的意義始終存在。

第二次世界大戰之後，日本受韓戰之惠，產業迅速復興，但由於勞工抗爭走火入魔，以致勞資兩敗俱傷。繼付出沉痛的代價，又透過社會的省思，勞資雙方有了共識，從而找到相互依存的平衡點，不旋踵日本便躋身經濟大國，在國際社會擁有舉足輕重的地位。這正是平衡律「撥亂反正」的典型實例。

循環有週期性，但平衡律不是循環律的「跟屁蟲」，永遠爲循環律「擦屁股」或「錦上添花」，它的影子常常伴隨著動變律和循環律而調和鼎鼐。

位於地震帶的地區，明明會出現週期性的強烈地震，但地震預測專家，也只能作或然性的預警。茲再以臺灣嘉南地區爲例。根據兩百年的地震數據分析，每五十年就有一次瑞士地震儀七級以上的強震。最近一次是發生在民國五十一年，下一次應該發生在民國一百年，距今尚有十幾年。但民國七十九年，國內的地震專家就開始緊張起來。原因是兩年來，臺灣地區有感或無感地震的頻率，出現了反常現象。即連續兩年，這一地帶地球板塊空前平靜。地震專家指出：板塊活動驟減或靜止，亦即有感或無感的輕微地震發生的頻率近乎零，那就意味著地下能量將提前達到飽和。換句話說，密集的小地震，不次釋出地下能量，大地震就不會提前到來。嘉南板塊異常平靜，地下能量必然提前飽和，強烈地震很可能在到達週期之前說來就來！這就是地震專家有點神經兮兮的緣故，同時這也說明了，微震具有緩衝作用。在動變與平衡的良性循環下，可使週期性大地震不致過早過猛，而人類經由預警，得使災害損失減至最低程度。

●

中華民國在臺灣，歷經四十年慘淡經營，創造了舉世欽羨的「經濟奇蹟」。但伴隨富足開放的腳步，社會和治安問題，也日趨嚴重。從民國七十六年起，由於金錢遊戲的泛濫與社會風氣的敗壞，犯罪層面迅速升高；犯罪年齡日趨下降。以致婦女不敢單獨夜行，兒童上下學迭遭攔路綁票，醫生大多飽嘗勒索之苦，企業主更是出無自由、夜不安枕！於是有人大聲疾呼「治亂世用重典」。亦有人主張標本兼顧，治安惡化歸根究柢是教育出了問題。因此，治本之道應從教育著手。雖然見仁見智各有道理，但，當時的內政部長許水德卻對宗教的功能情有獨鍾。於是，他僕僕風塵走訪佛、道、耶、回各教派領袖，並獲得熱烈迴響。

佛光山開山祖師星雲法師，則以十六字箴言，期勉國人自我潛修。其一「你對我錯」（語云：伸手不打笑面佛。多說對不起，少橫眉豎眼，人際關係自然良好。）其二「你大我小」（不逞強鬥狠，常自反而縮，凡事忍讓三分。所謂「忍一時保百年身；退一步海闊天空。」）其三「你樂我苦」（使別人快樂，終能自得其樂。犧牲享受即所以享受犧牲。語云：獨樂樂不如衆樂樂。如果衆人不樂，自己又如何樂得起來？）其四「你有我無」（不羨別人富，不妒別人有，給人機會，亦即爲自己預留空間。「投桃」也許「報李」，因果總會循環。所謂「得中有失、失即是得」。人事不違天道；天理即是人情。）這十六字禪訣，言簡意賅、發人深省。星雲總結一個字，只要心中有「佛」（慈悲爲懷）；社會必能弊絕風清、化戾氣爲祥和。

然而，最令人不解的，新聞媒體既爲社會公器，應義無反顧地負起導正社會風氣之責。事實上，雖不能說是任何媒體，都是「利」字掛帥。但能堅持理念、原則者不多。經營不善的報紙或本即宗旨不純的刊物，爲了刺激銷路、吸引愛好低級趣味的讀者，不惜違背良心、道德和社會公義，一味譁衆取寵、游走偏鋒。而市場佔有率極高且多角經營有成的傳播事業，同樣沒有把社會責任置於首要。尤其令人迷惑的是，一般人造謠、毀謗會吃官司，新聞媒體故意捕風捉影、羅織渲染，足以混淆視聽、損人名節，卻可不受法律制約。

英國報業不景氣，一家專四出「扒糞」的內幕小報，竟能一枝獨秀。這家名爲太陽報的小報，近年以揭露王室醜聞爲能事，幾乎到了走火入魔的程度。恰逢王室「流年不利」，兩王子和公主的婚姻都不順利，而且，宮中內神通外鬼，以致琴瑟失調，經常渲染成醜聞，對王室形象之傷害，莫此爲甚。直到一九九二年，女王的耶誕文告被太陽報提前發表，女皇一怒之下，要告該報觸法。該報知道這次終於「踢到鐵板」，如果上了法庭，官司輸定了。只好趕快自承行爲卑鄙、公開道歉。王室見好就收，接受和解，但太陽報仍然平白損失二十八萬四千英鎊的罰金。王室繳了訴訟費，還幫拯救兒童基金會與殘障兒之家，增加一筆可觀的進帳！

一個國家是否民主，由它有無新聞自由可見端倪，但新聞自由也把記者和報業老闆寵壞了。猶記當年美國總統尼克森和副總統安格紐，都因「冒犯」新聞界而被「扳倒」。若說尼克森是因水門案說謊、咎由自取，那麼，甘迺迪在總統府和名女人亂搞婚外情，成何體統？新聞界爲何裝聾作啞？

自由中國的新聞界，自從「報禁」開放以來也是百無禁忌。往往抓到一個題目，一窩蜂的「猛炒」，中規中矩的報紙一家家關門大吉；走偏鋒的也先盛後衰。反而緊抓社會新聞的「賣相」最好。然而，整版的社會新聞，除了災難、兇殺、走私、販毒、強姦、勒索、搶劫、竊盜、綁架勒贖、逼良爲娼、仙人跳、婚外情等犯罪及傷風敗俗的消息。似乎這個社會好事太少；好人活該寂寞。讀者爲什麼「愛看」壞新聞？看後的心理效應是什麼？報紙永遠不會關心這些，他們所關心的是誰的發行量最高。

民國八十年秋到八十一年春，某晚報兩度報導國內有所謂「換妻俱樂部」，富商巨賈乃至部份政府官員和他們的太太，都秘密參加「樂此不疲」。著者一時衝動，寫信給執政黨某要員，結果未見迴響。於是，再冷靜想想，這才恍然大悟，「天下本無事」是著者「庸人自擾之」。商人搞什麼「換妻」遊戲容或有之，我們的政府官員，絕不敢那麼無恥、也絕對沒有那麼大膽，如果眞有其事，立法院的袞袞諸公那會自甘緘默？

一九九三年二月間，美國電視界首次出「醜」，通用公司被全美最大電視網給「擺了一道」，該電視公司的記者，設計了一個汽車擦撞起火爆炸的畫面，影射通用公司所出產的轎車，在安全結構上有嚴重瑕疵。這個問題如果通用當局沒有合理的交代，必須將出廠的同型轎車全部收回，其打擊可想而知。嗣經通用以實驗比擬，終於拆穿了某記者的「西洋鏡」，於是，提出百億美元的商譽賠償，否則法庭見面。這個事件，也以公開道歉收場。「得饒人時且饒人」，通用公司深知與新聞界「結下樑子」不是好事，除非自認是「笨驢」！

在視、聽、閱的廣大媒體群中，以廣播的負面效果最小，電視和錄音帶的影響最爲深廣。尤其電視，幾乎把老少觀衆「一網打盡」。我國在電視未全面開放之前，各台製播算是相當嚴謹。但不論是新聞或影集，溫馨感人的消息和故事少之又少。回想電視引進之前，很難想像打劫銀行這種事會在我們社會發生，可是如今凡是人家有的壞事，這裡一樣不缺。

◎

一九九〇年美國有個五歲男童，用刀刺殺二歲的女童十七刀！據報導就是模仿「十三號星期五」和「男姆街的惡夢」電視影集，惹的禍。最近又發生兩個九歲男孩，持槍殺害一名兩歲半幼童的驚人新聞！著者每次去欣賞港片，心裡就極不舒服。所以，幾年來幾乎不曾進過電影院。在理論上是「好東西大家分享」；但實際上，「壞東西才會被接納」。這大概也是電視和電影界的無奈吧？就因爲惡性循環壓倒良性循環，似乎摸不到平衡的著力點。那麼，社會「負債」焉得不高？

讀到「影響」二字，很多人或許認爲只有意志不堅的人才會受外力的影響。但以著作的體驗，影響有時是自律神經無法抗拒的。例如，當一個人膀胱有尿，尚未想到小便，此時若打開水龍頭放水，會立即有憋不住的急迫感。意識神經，當然也會有類似的效應。只是影響作用較不直接而已。所以，社會責任也好，新聞道德也罷，必須光明面與灰暗面求其平衡。尤其分類廣告，不能明知害人，卻昧著良心賺黑錢，即使無法可繩，也不應享有這種「治外法權」，須知，社會大家受害，新聞界也難置身物外。

第二次世界大戰結束未久，亞洲先後有兩場自由對奴役的戰爭。先是韓戰，接著越戰登場。越戰打得最久，美國陸續投入五十萬大軍，加上裝備良好、訓練有素的越南軍隊，居然被裝備、訓練和總兵力均遠遜美越聯軍的越共打敗，實在眞夠諷刺。

這場曠日持久的戰爭，美軍是以正規戰術，對付北越的叢林游擊戰，難怪軍事評論家喻爲「獅子捕鼠」。但這並非失敗的主因，關鍵就在美國決策者，標舉「有限度戰爭」，這才是越戰最大的敗筆。試想，敵人可以傾巢進犯，而自家人卻不得越雷池一步，打來打去都在自己和朋友家裡，或勝或敗都要付出不合理的代價。這種縛手縛腳、被動挨打的戰爭方略，古今戰史絕無僅有，越南焉得不亡？

美國之所以自我設限，是惟恐中、蘇共直接參戰。因此，正確地說，美越聯軍的銳氣，是被「無限戰爭」的恐懼症給平衡掉了（名副其實的跛腳鴨戰略）！

越戰之後，越共權衡利害，一面倒向蘇俄，又爲了邊界糾紛而與中共反目成仇、大打出手。由於中共的掣肘，越共面南稱霸的野心，便受到了制衡（也就是起了間接地平衡作用）。所以，骨牌效應並未出現，泰、馬、星、印（印尼）乃得倖免赤化。

中共與蘇聯交惡，爲平衡蘇聯的壓力而與美國一拍即合。蘇聯於是採取箝制策略。南面鼓動越共和印度困擾中共，北邊增兵外蒙，對北平進行神經戰，然後進軍阿富汗，企圖一舉消滅阿國反抗軍，穩穩控制阿富汗，使中共因芒針在背、顧此失彼而不得安枕。但未料阿境內戰，演變成美蘇較勁的代理戰爭，最後蘇軍兵疲財困，竟步上美軍越戰失敗的後塵、無功而退。這一退，蘇聯的弱點完全浮現，不但經濟上「百孔千瘡」，連意識型態也根本動搖。更饒有趣味的是，以標榜改革而崛起的俄共領袖戈巴契夫，竟赤裸裸地向西方請求經濟援助。不旋踵，經由一場宮廷式的政變，導致蘇維埃體制整個土崩瓦解！

一九九〇年八月中旬，伊拉克狂人胡辛，公然侵略鄰邦科威特，俄國也一反「傳統」，毅然站在正義一邊！這正應了兵學大師蔣百里的名言「有資格作敵人的敵人，才有可能成爲敵人的朋友。」證諸美俄戲劇性的修好，堪稱一語道破！

猶憶當年越南面臨存亡絕續的最後關頭，越共針對越南軍民的厭戰心理，到處散播耳語說：「袁文紹下臺，共產黨不來。」於是，過氣政客楊文明，逮到機會迫袁引退，並以和平元首姿態，欲與越共訂「城下之盟」。詎料越共代表諷刺說：「你楊某人不過是投降代表，有何資格談判？」楊聞言錯愕，神魂未定即被下獄並判付「勞改」！可見「能戰始能和」。失去平衡的砝碼，談判不過是爲投降鋪路而已。

一般的紙張皆彈指可破，但中國北方的農家，過去多爲以紙糊窗，朔風怒吼的季節，紙窗仍能抵擋強風，道理何在？顯然室內空氣十分充足，足以平衡外在空氣的壓力。

蘇聯自從發生巨變，不僅東西方和解成爲事實，蘇聯與中共的關係也大爲改善。照過去的觀點，這種發展，必對中華民國不利。但實際上，蘇俄的威脅多減少一分，美國就會與中共多疏遠一分。美國跟中共疏離，就自然和中華民國更親蜜。這種「減碼」與「加碼」的動變，就是不折不扣的平衡效應。或曰，美國拉攏中共，原即爲了牽掣蘇聯，後來中蘇共亟欲修好，美國爲何一點也不緊張？這一問題的答案就是此一時也彼一時也。當美蘇後冷戰時代結束時，中共的平衡價值，就無可避免地「跌停板」（股市術語）。

蘇軍自阿富汗鎩羽而歸，中蘇共也不再劍拔弩張，於是，中共自以爲情勢大好，全力對付來自臺灣的潛在威脅正是時候。但人算不如天算，正當中共要對臺灣上下其手的當兒，波瀾壯闊的「六四」民運事件，使中共從上到下亂成一團。「外患方艾」（共產主義大退潮）內憂又興，平衡作用自在其中。

當然，中共自恃擁有三十二個行省和十一億人口，無論如何左右臺海情勢的籌碼，操在他們手裡。但臺灣的國民所得是大陸的三十倍，中華民國擁有外匯存底將近千億美金，中共則有四百多億外債。臺灣同胞用手投票，大陸同胞以腳投票（人人都想離開大陸）。這就是爲甚麼不對等的量，卻能產生平衡的質。

中共懼怕「民運」，又在經濟上「左右」兩難。但搞統戰顛覆卻仍是一流高手。「血洗臺灣」喊了幾近四十年，未能嚇倒臺灣，到了九〇年代，不得不重拾統戰花招，揭櫫所謂「一個中心（一國兩制）三大塊（經濟統戰、文化統戰和四個堅持）。」這其中的經濟統戰，說穿了就是「你養雞我揀蛋」，緊接著「你開籠子我撒米」，及至「臺灣當局」發覺蛋少了雞也飛了，就只有「關廠（養雞廠）大吉」，別無選擇！這就是孫子兵法所說「

不戰而屈人之兵」。經濟實力是中華民國平衡中共軍事、外交的王牌，如果喪失這張王牌，一切贏的策略均將落空。

毛澤東曾說：「槍桿子出政權。」其實，中共是靠著兩根「桿子」竊踞大陸，一是槍桿子，另一爲筆桿子。毛澤東深知「筆桿子」比「槍桿子」更厲害，證諸共產黨得勢之後，將知識份子貶爲「臭老九，」並予百般迫害，當可思過半矣。

如今連吃共產黨奶水長大的「筆桿子」，居然起來造反。中共只有更加緊抓「槍桿子」，那怕是枝生了銹的「槍桿子」。不過獨木難支危樓，平衡問題已使中共政權搖搖欲墜，除非中華民國復興基地自亂陣腳，「亡共在共」必爲歷史所印證。

總之，平衡律是動變與循環的安全瓣，缺少平衡律的調節，前二者在運作上不是過猶不及，就是完全失控。而對自然律的影響，也必然全是負面的。

戰後很多國家男多於女，但不久即趨於平衡，這種自然力量的調整非常奇妙。據人口生態專家說：男女的自然比率是一〇六比一〇〇，這是因爲男性的平均壽命較低的緣故。

臺灣地區目前的情形是：第一胎男嬰多七個百分點，但第三及第四胎，即劇增為三〇到四〇個百分點！這是「羊毛穿刺法」帶來的後遺症，本來此一科技，是為早期發現胎兒是否畸型，俾作必要的淘汰。但很多夫婦卻與醫生私下取得默契，用以選擇性別。易言之，想要男孩就及時將女胎打掉，以致又出現人為的不平衡。中國大陸實施「一胎化」的後遺症，較東南亞任何地區的狀況都嚴重數百倍。據估測，未來十年將有四成適婚男性找不到對象！這不僅造成人力結構失衡，恐怕還會衍生更多的症候群！

基本上，四大定律為進化而設計，故為進化而服務。或曰：自然律強調「適者生存」，如果人類只想做個「適者」，那與目的論（進化的使命）豈不背道而馳？這一質疑實為詞面所誤導，所謂「適者」，並非對環境壓力「逆來順受」，而是順應宇宙法則「借力使力」，以確保生存權之謂。譬如一葉孤帆，在怒海中，肆應風向鼓浪前進，終能順利航向目的地。它不但是勝利者，也是不折不扣的「適者」！

伍、生命的詮釋與人生的真諦

常用字典將生命解釋為性命，又將性命解釋為生命，這和不作解釋簡直沒有兩樣。甚麼是生命？簡單地說，凡是有生氣、活力的物質就是生命，大至宇宙天體，小至細胞、基因都是生命。不過，這裡所說的生命，是人本主義的生命，也就是狹義地人本位的生命。

那麼人生又是什麼？人生就是人類自出生、成長到「大限」來臨的生活全程。所以，人生又作生活解。

當然，人生絕非為了生活而生活。人生的意義有二：一是繁衍綿延繼起的生命，俗稱傳宗接代。一是創造文明的條件，推動進化的搖籃。一言以蔽之，生命是永恆的，人生不過接力賽跑的一棒而已。

二十世紀初葉以還，人類物質文明一日千里，精神文明卻瞠乎其後，尤其當面對人生問題時，每每徬徨瞻顧、無所適從。有時猶如霧裡看花，乍看很模糊，再看更矇矓。

然而，在非知性的生態世界，從來沒有類似人生問題的煩惱。許多動物對生命和生存，不具尋求解答「所以然」的良知，卻具努力實踐「所以」的良能。「無私無我」、「無怨無悔」。就憑這一點，就足以平衡人類的自我膨脹。如果不信，何妨看看「動物世界」紀錄影集，保證感動之外還能獲得不少啓示！

北方農諺有云「螞蟻搬家蛇過道，大水沖垮龍王廟。」螞蟻和蛇有精確預感氣象變化的本能、人卻沒有。其實，動物世界，還有更令人激賞和欽佩的一面。

工蟻的天職除了禦敵就是工作，牠們在族群遷徙時，逢山開路、遇水「架橋」。架什麼橋，是木橋、石橋、還是「倍力橋」？當然都不是，牠們搭橋的方式，首先是爭先恐後跳水自殺，以屍堆權充踏腳石，後繼者踐屍而過，首尾啣接搭成一條「便橋」。於是，大隊蟻群就可護衛蟻王和運送蟻卵、食糧安全渡河。如果途中遭遇「敵人」挑釁，就毫不遲疑地投入戰鬥，那種奮不顧身、前仆後繼的勇武精神，尤其令人感動不置。

北美的鮭魚，生下來就註定要「離鄉背井」，從產地游向大海，然後一路展現耐力，直逼酷寒的格陵蘭海峽，到了接近北極的海域，又要掉頭回游。在回游中約有半數被大海無情淘汰，剩下一半仍然命運未卜。牠們在「回家」的最後一段路程，溪流湍急、險阻處處，但「使命感」不容躊躇逡巡，只有勇往直前。在溯流而上時，遇到不及背鰭的淺水，縱有擱淺之虞，也會毫不猶豫地在亂石中「腹」衝前進；遇到懸岩飛瀑，就效法鯉躍龍門、一試再試。失敗了，把機會讓給「別人」；成功了，還要面對新的挑戰。能幸運回到「老家」，不稍調息，就迫不及待地產卵、授精，然後一個個了無遺憾地「安息」了！儘管看在人類眼裡感慨良多，但誰能武斷，他們在彌留時，只有不得不然的無奈，完全沒有順利綿延生命的欣慰？

活躍於南太平洋的海龜族群，每年交配期一過，母海龜就回到固定的無人島去產卵。牠們雖然小心翼翼地把蛋埋在深達一米的沙坑裡，但在孵化期中，仍不免被鬣狗盜食逾半。等到小生命一齊破殼而出，本能地朝大海飛奔，另一天敵金鷹，又會相率俯衝、無情獵殺，能再次逃過一劫並獲得大海的庇護者不超過十分之一。就憑這大約百分之十的機率，海龜族就不怕絕子斷孫。而那百分之九十的犧牲者，或為對抗孵化期的全風險，或為換取入海的或然率，牠們是那麼無辜、那麼不幸，但若全都不甘「犧牲小我」，情況又將如何？

鳥類不少是從一而終的，白頭翁就有「貞鳥」之譽。在缺乏生態保育觀念的年代，很多人以打鳥為樂，有位學者回憶當年「封槍」的往事，仍連聲自責「罪過！罪過！」據說他的「封槍」，不是因為政府的禁令或輿論的壓力，而是由於老農的一席話而大受感動。

當年他以為農除害的心態專打麻雀，一個偶然的情況，使他發現白頭翁是最好的「靶子」。因為，白頭翁喜歡在高高的枝頭享受寧靜，不像麻雀成群結隊又那麼聒譟，只要槍聲一響，就「一哄而散」。每次他舉槍描準，扳機一扣，白頭翁便應聲飄落，有如落下一片楓葉，周遭沒有騷動，射擊的人也從沒有罪惡感。唯一的心理反應，就是中的那種快感。後來，一位農夫告訴他，白頭翁是「貞鳥」，配偶死了就會跟著「殉情」。學人聞言大為震動，從此「封槍」不再殺生！

白頭翁眞的那麼癡情嗎？當然不是。因爲，鳥類根本不懂愛情。既然不懂愛情，自然無所謂「殉情」。眞正的原因是白頭翁不雜交，落單之後，無法創造繼起的生命。苟活偷生毫無意義，只好絕食自盡！

●

自然界的造化各有巧妙，看到走獸在思春求偶期，雄性之間互相角力、打鬥，人們會誤以爲牠們在爭風吃醋。殊不知那是一種篩選、優生的過程，贏者必強，強種始能優生。因此，贏者始有交配權。

飛禽的優生方式與走獸不同，牠們是透過長途飛行的耐力測驗，從而汰弱留強，以創造優質的下一代。

燕子每年夏末秋初，就從溫帶南遷，次年春暖花開，又會飛回故居。

我國東北各省的燕子，每次遷徙，要飛越渤海、黃海，於到達長江流域，然後停下來過冬。如此遙遠的旅程，沒有足夠的精力和耐力，很難到達目的地。事實上，在南飛北返的過程中，老弱的燕子全都葬身大海，這就是所謂的自然淘汰法則。既不必麻煩子孫「愼終追遠」，也不會有「死人跟活人爭地」的尷尬。牠們清清白白地來、乾乾淨淨的去。燕啊，燕！不亦君子乎？譬之爲「環保模範」猶其餘事也！

動物世界對生命的詮釋，既非「知而後行」，亦非「即知即行」，當然猶不可能「行而後知」。不但不知「生」的意義，同樣也不懂「死」的道理。然而，牠們「來於自然又回歸自然」的生命循環模式，對人類應該不無啓示作用吧！

人類輕蔑動物世界的無「知」，事實上，人類的高明也不過「一知半解」而已。孔夫子曾經說過「不知生焉知死？」然而，時至今日，人類文明已經進入太空時代，但世人對「生」依然不盡了了，卻執「死」不悟、「鬼話連篇」。持平而論，這正是人類「聰明反被聰明誤」的最大悲哀！

「鬼話連篇」無分時空、曲不勝數。越是落後的社會，「鬼」的陰影越是無所不在。即使先進如美國，鬼故事也有一籮筐。有人以白宮的「鬼」大作文章，居然把林肯也說成「陰魂不散」。描寫著名鬼屋的文章「車載斗量」，有的作者還大寫「鬼屋歷險記」。「百慕達神秘三角」的著者，把飛機、船艦在該處神秘失蹤，作了大膽的推敲，他認爲該處海底，如非有著神秘而確實存在的古文化，就是外星超智慧生命，在該處建有海底秘密基地，他們不容地球人侵入其「勢力範圍」。所以，對誤闖者給予無情的懲罰，甚至要搜救者連屍骨殘骸也找不到，永遠成爲不解之謎。然而，爲什麼搜救的機、艦又能安全返航？既然，外星入侵者，能在海底建立基地，必然更有能力在叢林、高山建造堡壘，甚至要摧毀一座城市，抓走一艘太空船或摘除全部的間諜衛星，都應不是難事，爲何「劃地自牢」，只在百慕達三角一處固定經緯度作怪？雖然百慕達懸疑無人直指與「鬼」扯上關係，但故事本身就不出「鬼話連篇」的模式。如果把「百慕達三角」的神秘殺手，解釋爲大氣局部「虛脫」，由於磁場作用，以致形成旋渦式洋流，將航行船隻或航空器吸入海底，似乎更具說服力。

●

鬼故事在中國農業社會，早已形成一種文化。江西著名的「趕屍」故事，還曾拍成電影呢！

有關「陰曹地府」（城隍爺的（「權力中心」）和「鬼門關」的故事，就像語言小說的流傳著。

有則故事是這樣說的：民初一位河北省的農人，生了一場名爲「發痧」的急病，家人趕忙將一位對此症頗有心得的中醫請來爲他施救。中醫師將那胸口疼得滿床打滾的病人，不消片刻眞的治好了！病人安靜下來，口中喃喃地說：他被一個執矛的騎士一路追殺，在拚命奔跑時，忽然發現前面橫著一道壕塹，情急之下縱身一躍，竟然安全躍過。回頭一看，壕塹竟寬達丈餘，追逐者正橫矛立馬於對岸，不禁冷汗直流！他問騎士，無怨無仇，爲何必欲置其於死地？對方憤憤地說：「算你走運，居然跳過了陰陽界，否則定將你捉去由城隍老爺發落。」語罷，哼了一聲，掉轉馬頭要走，霍然腦殼裂開、腦漿迸流，隨即策馬絕塵而去。待他驚魂甫定，請教路人身在何處？方知他是站在「鬼門關」外。剛才被迫誤闖「鬼門關」，幾乎命喪黃泉，眞是好險啊！家屬忙問，那位騎士，像不像城隍廟中的牛頭將軍或馬面將軍？緣何後腦劈成一半？病人懍然不語，但他心裡明白，那是他在鴨綠江做伐木工人時的同事。一年前相偕返鄉，途中見財起意，用利斧將同事劈死。剛才的一幕，分明是報仇索命來的！

這個故事，在農業社會極具震撼力。不啻爲「上刀山、下油鍋」的「輔助教材」。然而，問題出在「鬼門關」。「鬼門關」是人世傳說的陰間，位於廣西省北流縣南，也確實有個「鬼門關」，今稱「天門關」。而傳說的「陰曹地府」，就是酆都城，今名爲四川省的酆都縣。但世俗的觀念，地下爲陰（人死入土），地上爲陽。因爲鬼魂在「鬼話」中，都是黑夜現形，當然也可以說日間爲陽、夜間爲陰。只要夜幕低垂，鬼魂便來去如風，穿牆越壁、所向無阻。地理上的「鬼門關」與意識上的「鬼門關」，便產生了矛盾，而鬼故事的荒誕，也就不攻自破了。由此可見病人「活見鬼」，顯然是良心壓力使然。有罪孽感的人，在精神虛脫時，心中之鬼就會及時浮現，一如人在百般無奈時，常會乞靈問卜，純屬心理作用而已。

●

農業社會，「鬼話連篇」不足爲怪，奇怪的是工業社會，靈異說仍能震撼人心。

一九九〇年有則新聞報導說：美國有八百個曾經進出「鬼門關」的人，經常舉行集會，討論彼此「死」去「活」來的心得。自從逃出「鬼門關」，他們大多在心理上起了極大的變化。不但對人生極度消極，不再渴求功名利祿，甚至對最親的家人也十分冷漠。好像他們是無根的一群，又像是地球過客一般。這些人的共同心得之一，是在一度進入彌留狀態時，曾看到死去多年的親友或原本毫無印象的先祖。因此，他們對人死鬼魂猶在堅信不移。

類似的「經驗」，著者亦曾有過，而且不止一次。六歲時曾夢見從未見過的伯母。她因難產早逝，五年後我才出生。她是一位很有氣質的少婦，以關切愛憐的眼神，默默地注視著我，良久良久才倏忽消失。此外，我不止一次在生病發燒時，夢見一處既陌生又熟習的地方，亭樹樓臺、柳絲掩映，無比的親切、無比地眷戀，每次「去」到那裡都有回家的感覺。那個地方，是不是祖先的故居？隨著對基因工程學的認識，謎底頓如撥雲見日。

古今公認父精母血是生命的泉源，現代基因工程學更可證明，基因是生命的因子。基因是生命眞正的泉源，而淵遠流長的基因，不亦說明了生命是永恆的嗎？

既然生命是一脈相承，上游的「資源」和「資訊」，便理所當然地成爲下游的「資產」。當一個人帶著煩惱入夢或病中精神恍忽，由於腦波運作的失控，記憶基因就可能產生諸如「電腦病毒」的效應，於是，「塵封」已久的影象就可能因而浮現。語云：敬神如神在。同理，心中迷信有鬼，鬼即揮之不去。

有人振振有詞地說，北宜公路車禍頻傳，駕駛人爲求開車平安，多沿途散發冥紙，誘使急於要找替死鬼的亡魂競相揀拾，以轉移目標。不如此，想必車禍會更多更頻。這種說法愚不可及，充其量對迷信者的緊張心理，有某種程度的鬆弛作用。試想，人間如廁尚且不用的草紙，鬼魂豈會視爲金帛？這毋乃是不折不扣的自欺欺「鬼」？

茲舉數例，以佐證鬼譚之無稽。臺灣省老一輩的人，皆知臺北市西門鬧區，日據時代是著名的濫葬崗，如今寸土寸金，有誰聽說那棟大樓或某間商場鬧過鬼？又臺北市愛國東路與金山南路交會處，爲臺北監獄舊址，在那裡槍決的死刑犯不知凡幾。現在大樓林立、秩序井然，也未聽說活人見鬼。高雄市有戶人家，三十八年隨中央政府來臺，因無處落籍，就在一座荒塚上搭起「違建」，孩子們白天繞著墓碑玩，入夜全家伴著墳丘入眠，三十多年陰陽合宅、相安無事。直到蘇南成市長任內，才獲得妥善安置，搬離墳場。中共政權草菅人命，四十年來殺人六至七千萬，未聞中南海鬧鬼，「人民大會堂」亦未聞有冤魂索命。毫無疑問，農業社會藉「陰曹地府」以儆冥頑，現代神棍藉「驅鬼」以遂歛財。其實，鬼不欺人、人自欺；鬼不害人、人害人。智慧生命仍有其愚昧的一面，值得省思！

批「鬼」，即所以肯定生命的永恆，如果承認人死靈魂猶在，那麼，這個世界豈不到處鬼影幢幢？再說，若人死有鬼，就必須肯定草木鳥獸也有亡魂。果如此，被人砍伐的樹木，入夜會在人的床前一字排開，聲聲索命、陰風慘慘！那蟑螂、螞蟻的亡魂，則成群結隊攀床入帳，不把傷害牠們的人，攻得七孔流血，也會把他抬出戶外，讓他涼快、涼快！

農夫常說「千年草子、萬年松。」或曰：草種（ㄓㄨㄥˇ）千載不腐，松仔萬年常新。可見古代農人即已認知生命的永恆性，只是不求甚解而已。居住在臺灣的人，皆熟知阿里山有棵神木，此株古樹盤根錯綜已三代，前兩代略無生氣，第三代則一枝獨秀。因為，三代一脈相承，所以，才會稱它「千年神木」。

一言以蔽之，生命來自自然又回歸自然；生命永恆、人生「一棒」（接力賽跑的一棒）。這樣的詮釋簡單明瞭，應可「放諸四海而皆準，百世以俟聖人而不惑」！當然，詮釋生命與正視人生，無非是要在追求人生極限時，能確切掌握著力點。縱然不能盡如人意，至少得其所當得、失其所當失。必如是，方可了無遺憾！

陸、如何追求人生極限

在探索如何追求人生極限之前，首須確定人生的目標爲何？就開發國家和開發中國家的人民而言，人生目標大致有四：一爲學問（學歷、知識），二爲事業（名位、財富），三爲幸福（婚姻美滿），四爲長壽（健康、長青）。

此四大目標，是理想也是實務。前三者在人生的青澀期就滿懷希望和憧憬。但可悲的是很多人一開始就跟著自己的影子跑。有人在接近人生的終站時，才恍然大悟方向錯誤，因而碌碌終生一事無成。有人跑到中途，忽然徬徨瞻顧、茫然卻步，原因是影子轉了方向，不知不覺又回到了起跑點。更糟的是，有人一開始就逡巡不前，原地打轉，因爲影子乍現，即被烏雲給「吃」掉了，以致摸不清究竟如何出發。至於第四項，看似變數不多，其實更難逆料。如果壽命不長，一切均將落空，其關鍵性可想而知。語云：留得青山在不怕沒柴燒。只可惜「天有不測風雲，人有旦夕禍福」。即使「上帝」給每個人都保了「生命全險」，際此二十世紀末葉，就如故總統府資政張群先生的「人生七十才開始」，也嫌說得早了點兒。在進步國家把六十歲訂爲退休年的今天，人生的取向，不可能一再重新來過。

人生成敗得失，縱觀是天命（先天的造化），橫切力行之外還看機會（時運與際遇）。極限哲學不爲人生提供通達顚峰的階梯，但可爲人生逆旅指點迷津。不過「羅盤」（航海方向儀）雖然有用，操舵者仍是讀者自己！

一、學問：天生秉賦各殊、學貴塑造自我

什麼是學問？「學」即修習之謂；「問」者求教是也。簡單地說，學問就是追求知識。古代求學，必問道於夫子（老師）。進入文明社會，學問的管道多元化，只要超越啓蒙階段，無師亦能自通，但循序升學，畢竟是追求知識的正軌。至於求學的目的亦古今有別。古代標榜「學而優則仕」，由於「升官」和「發財」有著臍帶關係。所以，說得露骨一點，讀書就是爲了「升官發財」。今人求學的目的，有不同層面的標竿。最高境界是造福社會人群，等而下之是增進家庭福祉。最基本的想法，則是爲了適應生存競爭。然而，不論追

求學問的目的是什麼，基本上取決於各自天賦的極限。在功利思想異常凸顯的今日社會，莘莘學子盲目升學固然不智，學校和家長也應檢討填鴨式教學和「強打鴨子上架」的偏差。當然，最大的癥結，還在「考試文化」的根深柢固。升學要考、深造要考、就業要考，每考必以學歷證書爲要件。於是，學子們個個削尖了腦袋，拚命往升學的窄門裡鑽，最後全都成了文憑主義的奴隸！

現代青年學子，既要投入多元競爭的社會，飽受升學壓力是理所當然的事。但必須堅持一項原則，那就是升學有志一同、求知各走各路。趕熱門、逐大流，即使戴上了方帽子（學士冠），恐怕到頭來還是看著別人開花、結果，而自己則定位於陪襯的綠葉。

●

華視新聞主播李艷秋，不僅俏麗可人、一臉靈秀之氣，實際上也是位很有才氣的女記者。然而，外界鮮知她在學生時代數學最「菜」，據說「菜」到令人「驚訝」！奇怪的是她的智商相當高，也正因爲如此，各課學業「取長補短」才得擠入大專窄門。做電視記者，數學幾乎派不上用場，只要文筆靈光、口齒清淅（發音標準），外加敬業精神，就可游刃有餘地成爲一名好記者、好主播，何況她天生麗質，愛看電視新聞的觀衆，怎能不被她的亮麗所吸引？

早年，著者有位長我多多的忘年交，對醫生行業「情有獨鍾」，經常爲兒女沒有一個立志習醫而自我嘲諷。有時買醉歸來，酒精發酵，竟握著拳頭，以食指的關節，磕擊老伴的腦殼罵道：「妳這老母雞眞會下蛋，可總是下些笨蛋」！

在他大限將臨的那幾年，還眞高興了好一陣子。因爲，老么終於不負老爸的苦心，考上了美國某大學醫學院。然而，及至進入分科教育，老爸的苦瓜臉又出現了。原因是老么見不得血，拿起手術刀就發抖，因此，他只好下決心做個內科醫生，而老爸偏偏希望兒子，能有朝一日成爲中國的巴納德（南非外科名醫，首開移植心臟風氣之先）。所以，欣慰之餘仍不免有些許遺憾。但就人才適所的觀點而言，老么是如願以償，他雖未能成爲外科醫生，卻在內科領域上享譽新大陸。

一般地說，四歲的孩童，走路尚且不穩，大人除了呵護，頂多對他試著啓蒙而已。然而，中國大陸卻有個名叫陳曉彥的四歲女童，書法天份十分驚人。三歲時，參加中國大陸

「于佑任杯」書法大賽，就獲得三等獎。次年舉行個展，所寫條幅、斗方、扇面、對聯，無不得心應手、工力十足，令人歎爲觀止！其中長達十米，三百六十八字的岳陽樓記卷首，整體均衡、個別傳神，非臨場觀賞，絕難想像是出自稚齡女娃之手。

據說，其父爲一工人，母親酷愛書畫。這個女童如此「早熟」，不但與胎教有關，顯然也與遺傳因子有關，是得自其母的遺傳，甚至是三代以上的基因投射。否則，只靠胎教和後天的學習，絕難造就如此傑出的書法神童。

中國大陸一位史姓教授，於一九八七年在巴黎，當著一百五十八個國家的政府官員和科學家，表演他的速算絕技。在半個小時的表演中，從六位數到八位數的各種算法，都使計算機望塵莫及。據他透露，已教會了五千學生，但他六歲的兒子尙不沾邊兒。他說「因爲太忙，沒有時間教他」。這話或許不假，畢竟他的兒子還太小。但若他那小兒子，先天就缺少數學細胞，亦即遺傳基因優劣反淘汰或資秉、性向傾向母系遺傳基因，那麼，「近水樓臺先得月」就不一定是絕對的眞理。正如臺灣盛行的心算訓練，有些兒童，四位數的加減乘除，搖搖小腦袋就能輕鬆擊敗計算機高手。然而，計算機可以普及，心算高手就如同體壇精英，只有少數能成爲耀眼的「明星」。智商平平的孩子，若透過嚴格訓練就能成爲「神童」，那麼，孔夫子三千弟子，就不致只有七十二賢受業有成了！

一個生下來就喜歡「塗鴨」的小女孩，兩隻小手常被媽媽「懲罰」。媽媽認爲女孩子應該學鋼琴，可是她最後還是在繪畫方面才華出衆。

另一個智商極高的男孩，心算比賽常得冠軍。但他爸爸不認爲這種天份能成大器，於是，強迫他遠離數學專攻英語，希望他的寶貝兒子，不是企業家也要做個外交官。也許他爸爸的期望不致落空，因爲，人的天份不只一端。不過，這也得觀察孩子的性向如何。常識告訴我們，鉛、銀、銅、錫不可能「百鍊成鋼」，縱屬黃金白銀也是白搭。

很多青少年有著太多的抱怨，不是抱怨家境不好，就是抱怨天賦太差。「爲什麼別人有，我卻沒有？」「爲什麼別人能，我卻不能？」但若提到愛因斯坦，沒有人不知道他是進化論的鼻祖。而愛因斯坦小時候，並不是每項功課都好，考大學還被別人擠出「窄門」之外，他父母一度還懷疑他有智障，沒想到後來他在哲學領域大放異彩。與愛因斯坦齊名的愛迪生，讀書一向成績不佳，老師從來不多看他一眼，但後來他卻在科學方面光芒四射。

西方人比較重視發掘孩子的天資、潛能，有些孩子不願走入父兄的蔭影，家人絕不勉強。有的孩童，因遺傳關係，一生下來就亦步亦趨地模仿他的爸爸。兩歲的孩子能滑水；六歲的孩子就成爲海釣高手。十歲的美國學童麥考利卡金，不但一副鬼精靈的小模樣，而且，第一次試鏡就極爲入戲，一九九〇年演出「小鬼當家」一炮而紅，爲製片公司賺進了超過一百倍的利潤，而他自己也一躍成爲百萬（片酬）童星，比熠熠紅星傑美李寇蒂斯還高出二十萬！天才不是訓練出來的，天才、性向和意志三合一，再能給予客觀助力，就可達到極限。假若天生就缺乏音樂細胞和這方面的志趣，即使拜在名師之下，也不可能成爲聲、樂奇葩。誠如中國人所說：三歲看老。這四個字俗得不能再俗，這句話白得不能再白，卻是一語道破、極富哲理。套句諷刺性俚語：天生一條蟲，裝上犄角也不像龍。

未來的教育制度，如能重視潛能、性向的師資訓練，高中和國中實施潛能、性向評估建卡，由輔導老師與家長、學生進行溝通，並以不愛讀書或升學受阻的學生爲輔導重點，使其及時「各走各路」（走其應走之路，例如，直接就業或轉入職校），不僅可減少「問題學生」、增加人力資源，並可達成人才適所、人盡其才的教育理想。惟事涉教育改革工程，可望不可即，莘莘學子還是「自求多福」爲妙。下面所擬的五個問題，經自我評鑑，若答案是肯定的，那麼，成功之鑰，就能操之在己。

第一、你瞭解自己的智商和自己的性向（性格的傾向）嗎？

第二、你自信那方面的天份較高，並珍惜這方面的潛能嗎？

第三、你在選擇升學之路時，是否兼顧自己的天資和性向？

第四、你自信絕不好高騖遠，亦非功利主義者嗎？

第五、如果升學受阻，在遷就現實（謀生）之外，仍能鍥而不捨地追求專業知識和塑造自我（努力發揮潛能）嗎？

一個人如果在某一方面有天份，就應該毫不猶豫地在這方面求深造。當然，有數學天份，不一定非進數學系不可，但也不該讓數學細胞無從發揮。因迷於功利而辜負天賦，就是自我踐踏；就是「聰明反被聰明誤」。將天份送上自己的顛峰，必能豐富自己的人生、領略成功的滋味。財富不等於福樂，功名也未必能豐富人生，只有「人盡其才」的成就感，能使生命升華、人生充實。

由於文憑主義與教育宗旨脫節，「畢業即失業」不知浪費了多少教育投資和人才資源，而堂堂學士淪爲「人渣」者亦不知凡幾。相反地，低學歷而有高成就的實例，也所在多有。在具有知名度的人物中，立委謝深山只具有高工程度。漫畫家蔡志忠，初中畢業就一頭鑽進漫畫世界。國寶級惜已謝世的王雲五和錢穆，都未受過完整教育，竟皆成爲一代宏儒！一九九〇年十一月二十八日，只有高中程度的梅傑，居然繼奈契爾夫人之後，登上英國首相的寶座。這說明了貧困失學未必會埋沒天才，如果自暴自棄或缺乏自知之明，即使是天賦異稟，也和庸魯之輩沒有兩樣。

一言以蔽之，人各有志、各走各路。何況學無止境、「學也無涯」，知識學問不局限於學校，也不局限於書本，最重要的是憑藉智慧、意志，將天賦潛能化爲翅膀、飛向自己的巔峰！

二、事業：人各有才貴在人才適所

什麼是事業？簡單地說，人們一生對個人、家庭、社會乃至國家所作的努力，就是事業。具體地說，獻身政治是事業，從事教育是事業，發展工商是事業，懸壺濟世和宣揚宗教，同樣是事業。大凡是持常且無違法律、道德的工作都是事業。即使是做個專職的家庭主婦也是事業，而且是最神聖的事業。試想，扮演賢妻良母多麼不易、多麼純正又多麼可貴，其「享受犧牲」的精神，又是何等崇高？

世人想到孟子、岳飛，就會對孟母、岳母而肅然起敬。這樣的成就不遜良將良相，又豈是今日的所謂「女強人」所能比擬？

很多人都相信，一個成功的男人，背後必有一位偉大的女性（母親或妻子）。的確，天地分陰陽、人間有男女，陰陽、男女相輔相成。丈夫的事業，就是妻子的事業；丈夫的成功，妻子也會分享幸福和快樂。反過來說，妻子如果才智過人、性向外張，夫妻易位，丈夫反轉過來配合和支持妻子，又有何不可？（這並非是說，丈夫改扮家庭「煮」夫，才算配合）。夫妻打從結婚之日起，就成爲命運共同體，誰來帶頭無關宏旨；誰比誰強，也不應該心理不平衡。只要家庭美滿、事業成功，榮華富貴又怎會一人獨享？佘契爾先生伴隨首相夫人十一年，從來沒有感到自己的生命黯淡無光。相反的，作爲首相夫婿，他覺得比保有企業家身段，更顯得多采多姿，而且更有成就感！

前內政部長許水德的夫人，是位標準的賢妻，她總是以溫柔體貼，化除丈夫在外所受的壓力和委曲；製造溫馨的家庭氣氛，作「水德兄」的精神支柱。難道她這樣做不夠聰明？

還是她的角色不受尊敬？

科技發展之父李國鼎先生，夫妻相敬如賓，美滿婚姻接近一甲子，從來未吵過一句嘴。這就可知爲什麼他在七旬高齡，動過心臟手術，猶能興緻勃勃地推動科技搖籃。

以上所舉實例，無關婚姻本身，只是強調「母職」與「妻職」同等重要，都是事業，不是走出家庭，才有資格談事業。

然而，世人咸將事業庸俗化了。所謂「爭名日夜奔、攘利東西鶩」正是最具諷刺意味的社會心理寫照。這種不健康的社會心理，透過媒體的投射，連三尺童子也受到感染。

「我要做王永慶，賺很多很多錢。」

「我要做電影明星，走到那裡都有人獻花。」

「我將來要競選立法委員，可以在立法院打架！」（少數立委斯文掃地、騰笑萬邦。）

李登輝總統面對天眞活潑的一群學童說：「你想將來做中華民國總統嗎？」所有的小朋友一齊舉手！

童言童語也許不必認眞，事實上隨著年齡的增長和心智的成熟，憧憬和理想也會有所調整。一旦踏入多元社會，一切美夢在現實環境的壓縮下，可能完全破滅或走樣。但無論如何「人心向上、水向下」，除了意志薄弱、自甘墮落或無法抗拒誘惑而步入歧途者外，一般而言，總希望在芸芸衆生中，能有自己的立足點。當然，也有不少人，熱切企盼早日嶄露頭角。不過「天生我才必有用」，還須「人才適所」，方能有所發揮，如果摸錯了方向，選錯了門徑，恐怕永遠無法到達顚峰（自己的顚峰）。

「職業無貴賤」想必有人不接受，但每個人都擁有各自的天份，也就是所謂「天生我才必有用」，則人人有此共識。不過，山山有峰高低不同；人人有才潛力各殊。有才、有志還要各走各路（選擇適合自己發展潛力的工作或行業），此之謂「人才適所」。

豪情萬丈的年輕人，常使「寧爲雞首、不爲牛後」起伏腦海或掛在嘴上。「寧爲雞首、不爲牛後」這句口頭禪，誤導了太多的青年好高鶩遠，毛羽未豐就想一飛沖天，也使中國的工商企業患了軟骨症，始終停留在靠中小企業支撐經濟大局的境界。相反地，大多數日本人卻甘爲「牛後」不羡「雞首」，即使終其一生未能爬上「牛首」也無怨無悔。他們把企業體視爲一個生命體，個人的生命很自然地溶入企業體。因此，日本大企業的靈魂就是團隊精神，這便是戰後日本，能夠迅速振興並執世界經貿牛耳的關鍵所在。

中肯地說，人人都自甘「牛後」並不健康；人人都想平步青雲更不正常。如果毛羽已豐、條件俱備，想要「大展鴻圖」有何不可？果眞信心十足、時機大好，「鵬程萬里」猶可期，何必英雄氣短，永遠寄人籬下。只是「行行出狀元」，先決條件是正確自我評估，在醞釀決心和採取行動之前，必須冷靜思考，你的天份、性向和志趣是什麼？你的學識、歷練和韌性夠不夠？如果答案全都是肯定的，那麼，至少主觀條件已經具備，縱非勝券在握，總不致成爲貽笑大方的冒險家！

中國還有句「事在人爲」的成語，常被扭曲、誤解，影響匪淺。「事在人爲」與「有志者事竟成」的詮釋不同。後者的涵義是只要努力就可成功，這是句單純的勵志格言，旨在勸人向上。前者，顯然寓意更深一層，從字面上看，是激勵企圖心，深一層體會，又有「戲法人人會變，巧妙各有不同」的意思。工夫深淺因人而異，拙劣的手法，不可能達到出神入化的境界。同理，事業的成敗、關鍵在人。同樣的事，對某人是游刃有餘，對另一人卻是綆短汲長，不是任何人付出同等的努力，就可獲致同樣的成就。

那麼，個人的出路在何處？事業的顚峰又在那裡？要作客觀評估和判斷，的確是門大學問。既無法列出公式，也難訂出通則。然而，古有「三歲看老」之說，今有智商、性向測驗，都具評估的意義和價値。當然，關鍵在有自知之明，還得抓住機會、付出努力！

華視「早安今天」，是繼臺視「早安您好」後來居上的綜合性新聞節目，當年靳、寇兩位主持人，氣質一流、默契良好，使觀衆滿足了知的需求，也享受了心靈投射的愉悅，堪稱最佳「精神早餐」。但觀衆鮮知人如其名的靳秀麗，原來的職業是會計小姐。以她的學歷和聰慧，做個財務主管，必能勝任愉快。不過，那絕不是她最佳的選擇，亦即並非追求極限的正確方向。除了氣質一流，她還兼具語言天才、敏銳的觀察力、游刃有餘的撰稿能力、追求完美的企圖心和鋒芒內歛的合作精神。這些條件半自天賦、半由修養而來。於是，她不再是受老闆器重、天天跟鈔票與計算機爲伍的會計小姐，而是熠熠發光的電視新聞主播明星了。毫無疑問，在這一領域，還有更藍的一片天在等著她。或許有人會問，什麼機緣使她及時轉向？說眞的，著者也不盡了了。但是，自從她轉入電視界，才眞正步上成功之路，並朝向自己的事業顚峰邁進，倒是可以百分之百地可以確定。

看「三國演義」，在羅貫中筆下的諸葛武侯（孔明），上通天文、下曉地理，未出茅盧，即知天下大勢、鼎足而三。打從官拜軍師中郎將，運籌幃幄決勝千里，文韜武略無人能出其右。劉備託孤前後，「七擒孟獲」、「六出祁山」、「三伐中原」。先有「草船借箭」、「火燒連環船」的傑作，令讀者拍案叫絕，後又將計就計，慫恿劉備赴東吳迎親（娶劉權之妹），致使東吳「賠了夫人又折兵」。「三氣周瑜」，更使少年得志、十三歲就統兵掛帥的周公瑾，死前大歎「既生瑜何生亮」？

孔明揮師北伐，鑑於「兵馬未動、糧草先行」的重要性，乃費盡心力發明了「木牛流馬」使蜀軍「後動作業」有了革命性的改變。也使孔明由謀略家、戰略家、政治家，又成為「軍事科技發明家」！以這樣不世出的全才，為何「鞠躬盡萃」，終未實現一匡天下、恢復漢祚的宏願？持平而論，天下大勢雖已進入「分久必合」的循環，但大漢正統的氣運早已衰竭，蜀漢北伐難與中原民心互通聲氣。孔明為報劉備知遇之恩，明知不可為而為之。另一弱點，就是孔明自視過高，「目中無人」，在他眼裡蜀中根本沒有後起之秀，而他的僚屬部將，在其蔭影下，無人能夠「突出」，全都惟丞相馬首是瞻、惟命是從。因此，晚年的孔明豪氣不墜，卻不啻演唱獨腳戲。所以，嚴格地說，孔明只具軍師（幕僚長）和丞相（元輔）的格，並不具備禮賢下士的風範和領袖群倫的元戎格。易言之，是他並不具備明主（一國英明之主）的條件。

第二次世界大戰，爲美國造就了三位五星元帥。三位元帥俱受人民尊敬，但事業顛峰顯有高下之別。

馬歇爾離開軍職「更上一層樓」，在國務卿任內，爲致力重建戰後世界經濟，著名的「馬歇爾計劃」，爲他贏得了舉世的推崇。但因對中共認識不清，對我屢幫倒忙，使中國大陸加速赤化，乃被譏爲「跛腳鴨國務卿」。總體來說，馬帥的外交事業毀譽參半，晚年並不快樂。

一九四五年，麥克阿瑟揮軍佔領扶桑三島，成爲日本的「太上皇」，一時威權顯赫、無與倫比。但他恃寵（美國人民的崇拜）而驕，不把當時杜魯門總統放在眼裡，有關遠東問題，特別是對抗共黨侵略、歧見甚深，甚至大有「將在外君命有所不受」的味道。以致杜魯門忍無無可忍，一道命令將他四項職銜悉予解除！於是，只好滿懷「老兵不死、只是凋謝」的惆悵，暗然退隱。

另一位駐歐盟軍統帥的艾森豪，指揮諾曼第反攻之役一戰成功，從此德軍節節失利，納粹終告敗亡！論資歷麥帥是他的老長官，論用兵麥帥似也勝他一籌。但他自有高人之處，那就是調和鼎鼐的功力。身爲歐洲盟軍統帥，要駕馭各國將領誠非易事。如果只靠權柄而無幾分政治手腕，要想化阻力爲助力，以求統合戰力幾無可能。戰後他接受共和黨的建議，沈潛養望。未幾，又得力於共和黨同心協力「抬轎子」，卒能如願以償地進主白宮。並且，四平八穩地當了兩任總統。麥帥與艾帥皆曾叱吒風雲，緣何進境有別、結局不同？

●

雷根總統以一介二流演員，居然成爲一流州長，因政績斐然，就像吃了「生力葡萄（加州以盛產葡萄出名）」，更飛身一躍進入白宮！這在美國政治史上，也不能不說是個異數！

儘管雷根曾經做過體育播報員，（他的口才一流，其來有自），又在擔任好來塢演藝工會主席期間，打擊共黨滲透，蜚聲藝壇，但那畢竟只是個小小的工會組織。後來僥倖當選州長，竟然「唱作俱佳」；令美國人不得不刮目相看！所謂「事實勝過雄辯」，他在競選總統時，力戰對手、脫穎而出，雖然得來不易，但也絕非偶然。四年後再度出馬，被民主黨譏爲「古稀老人，猶自逞強」。他則強調「薑是老的辣」，並引用張群「人生七十才開始」的名言，嘲弄對方心智不夠成熟，結果再嚐勝利果實。

有人奇怪，爲何雷根總是不脫二流演技，卻能勝任國家元首？更有人納悶，他日理萬機，爲何頭髮一絲不白？其實，雷根之所以日理萬機，猶能輕鬆自在，最大的秘訣，是他懂得用人、懂得授權，又長於歸納裁奪，與卡特的巨細靡遺，事必躬親截然不同。開會時，有人注意到，他常在紙片上信筆「塗鴨」，好像漫不經心。其實，他是放鬆心情、保持清明，待「閣員」暢所欲言，他的總結也已成熟。這就是他超越常人的獨特之處。一言以蔽之，他具有領袖群倫的器識與調和鼎鼐的領導風格。如果要他擔任國務卿，縱不致手忙腳亂，也可能顧此失彼。因爲，他長於判斷而思維粗糙。因此，能勝任總統，倒未必能勝任國務卿，一如他做州長游刃有餘，做演員卻始終無法突破。楠木難當棟樑；鼎鑊豈宜小酌？明乎此，就不難領悟「人各有才，貴乎適所」的道理了。

●

第二次世界大戰，日本戰敗投降，中國的國運於焉產生兩極化。大陸地區譬如「風箏打轉」——每下愈況。臺灣地區恰似「蕃薯出土」——重見天日。四十年來，看牛的孩子平步青雲有之，「布衣卿相」有之，白手起家、富可敵國者也大有人在，而農業專家的李登輝先生，正在創造歷史。此即所謂「風水輪流轉」、形勢比人強。

然而，冬去不耕耘，春來不播種，秋後要坐等收成豈有可能？有人酸餾餾地批評王永慶，說他的發達，也與「炒地皮」脫不了干係。也許此說並非全屬子虛。但光復之初，日本人遣返在即，西門町的房子，三隻雞就可換到一戶，很多人卻興趣缺缺，認爲換得空屋，還須有人看管，不如吃燒酒雞來得實惠。據世居大安區的一位老先生說，敦化南路梅花戲院附近的土地，三十六年時每坪五毛錢，也乏人問津。如今，那裡的土地名副其實地「寸土寸金」。可見「炒地皮」也得有眼光，何況王永慶根本不是靠「炒地皮」起家。

熟知王永慶家世的人，都知道他出生在新店市郊區，如今稱作「情人谷」的荒山僻壤。幼時家貧如洗，父親曾因無力養家而意圖尋短。十五歲那年，他毅然遠赴嘉義依親，被介紹到一家米店做學徒。一年後，他以極少的儲蓄，加上老父四出告貸，才勉強自立字號，開了一間小米店。

他深知顧客習慣照顧老店的生意，於是他在爲商之道「和氣生財、信用第一」之外，獨創「服務到家」和「售後服務」兩項競爭「法寶」。只要顧客上門，他就按地址送貨到家，並主動爲買主清缸，新米入缸後，再將陳米倒在上層，然後將客戶全家大小人口數及第一次送米日期載入記事簿，以憑估算用量及補充週期。此後，不待客戶發覺米缸見底，就會及時將米送到。以現在的眼光，這種服務談不上什麼競爭「絕招」，但在缺乏現代經營理念的當時，王永慶就懂得實用商業心理學，足證他的成功誠非偶然。而他之被譽爲「經營之神」，也絕非光靠努力奮鬥而已。

●

已故保險界鉅子蔡萬春，日據時代亦是家境十分艱窘。小學畢業就舉家遷到臺北，因食指浩繁，他和蔡萬霖兄弟幫親戚種菜、賣菜，又經常受雇到臺北監獄去割取養馬草料。十七歲時，應徵資生堂臺中出張所（分店）業務員，僥倖獲得錄用。每逢例假日，同事們都從事休閒活動，他卻自動跑到主任家裡，幫忙處理帳務，目的在增加學習機會而非爲了巴結上司。日籍主任發現他的香煙盒裡，香煙長短不一，有整枝的也有半截的。遂奇怪地問他什麼緣故？他說：「整枝用以待客，半截供作自享。」主任聞言大爲稱賞，從這個小地方，可以看出他不僅很節儉，而且充分表露出「厚人薄己」的美德！蔡萬春的成功，助力不只一端，待人以誠、廣結善緣，也是原因之一。

他和王永慶一樣，在成功之前，也曾屢有挫折。直到當上臺北市十信理事主席，才算眞正嶄露頭角。民國五十年，政府開放保險民營，他首先創辦國泰產物保險公司。同年底又申請成立國泰人壽保險公司。當時風氣未開，國民所得極低，國人又忌諱爲人壽投保，當他與夫人余鳳嬌四出奔走募股時，常被婉言拒絕，有人甚至背後譏諷說：「蔡萬春太過自負，日本人做保險尚且失敗，他又那來的把握？」

說也奇怪，蔡萬春不但有眼光、有魄力，還能抓住保險的特性。因爲，開始時國泰人壽全部員工只有二十人，他就優先成立「教育中心」。他說：「保險賣的是一張紙（保險契約書，俗稱保單），要人花錢買張不能隨時變現的保單，靠什麼？靠的是外務員的信心，如果自己沒有信心，如何說服客戶？既然，保險事業是以人爲主的事業，員工的素質就顯得特別重要。教育訓練短期看來是負債，長遠考量必成可貴的資產！」所以，他以「信心、忠實、奮鬥」作爲員工三信條，又以「事在人爲」爲創業理念。

國泰企業全盛時，大小公司近四十家，堪稱臺灣企業王國。只讀過小學的蔡萬春，主持會議很少「訓話」，更不開罵，所作結論，總是「畫龍點睛」恰到好處。因此，屬下博士、碩士和憑實力竄升的主管，無不由衷欽佩。他曾說：「一個人在事業上成功，必須要有力量、膽量和肚量」。又說「再壞的時機也有人賺錢；再好的時機也有人破產。再壞的事業也有人成功；再好的事業也有人失敗。」最能代表他前瞻及開創性格的一段話是「寫在書本上的學問，已是過去的經營哲學，唯有從眼前堆積如山的經營難題中，才能發掘明日教科書中活生生的內容！」

蔡萬春與知交把酒言歡，豪氣萬丈，但也有風趣、幽默的一面，卻鮮爲人知。某次，國泰人壽一位部級主管在主管會報中發言說：「我們公司的規模愈來愈大，人事制度卻顯得閉塞、僵化，升遷管道有如政府機構，必須依資序排隊，優秀員工難望早日出頭。」他在會報結尾，只就這個問題簡單明瞭地說：「國泰的人事管道有二：一是爬樓梯；一是搭電梯。爬樓梯很辛苦也很踏實；搭電梯很便捷，可以直上頂樓，也可能一下子又回到一樓。我個人有自知之明，所以，到了三樓就趕緊打住。」語畢，衆皆莞爾，對其幽默、妙喻，無不衷心折服。（按：當時國泰人壽新建大樓尚未完工，總公司暫與樓高只有十層的國泰信託「合署」辦公，而蔡萬春的辦公室就設在三樓。）

不過，有一點值得注意，過去王永慶從不插足金融事業，蔡家也只長於金融服務業。雖然，國泰旗下有多家建設和營造公司。嚴格地說，前者只是投資和銷售，後者「大包」、

「小包」向無固定「班底」。正規生產事業，國泰家族做不來，像出事的國泰塑膠，一直就未能挽回頹勢。原因之一，就是將保險人才派去管理工廠，更糟的是人事制度也依樣畫葫蘆。課以上技術幹部，常有「五日京兆」之憂，工人怎麼會尊重主管的權威？一個成功的企業家，並不表示他樣樣都行，多角經營，必須借重專門人才，制度不臧自不易人才適所，正如蔡萬春所說：「再好的事業也有人失敗」。

●

提起鄭周敏，國人就會想到「亞洲信託」曾因面臨危機，被政府接管的往事。所幸他在臺灣的事業根基並未因此動搖。這位華僑企業家，是在菲律賓發跡，他在菲國普受尊敬，有人形容說，他若想去菲律賓總統府，有如進出自家廚房一樣方便，足見其在菲國朝野聲望之隆。

然而，國內沒有多少人知道，鄭的童年比王永慶更可憐。上小學時，常因貧窮被同學欺負，有時實在忍不下去憤而對打，勢利眼的老師居然說：「你有什麼資格跟人打架？」

窮人的孩子，不可能有快樂的童年，但「上天」似乎也很公平，不給幸福快樂，倒可能給個「金頭腦」外加進取心。林肯就曾說過：「貧困是一種鞭策，常使窮人爭先、富人落後。」鄭周敏未及小學畢業，就被迫停學（等於開除）。起先他以拾荒、垂釣幫助養家，不久遠赴馬尼剌，在鄉親的金鋪做學徒。戰後（日本投降），物資奇缺，他以些許儲蓄，標得一批日軍留下的變質麵粉，賺進不少銀子。這點好運不足稱道，以一個經驗閱歷極淺的年輕人，竟有企業家的眼光和魄力，倒是令人既驚奇又佩服。他把賺來的錢，在人煙稀少、交通不便的荒郊，買進一大筆土地，規劃爲「工業園區」，商界笑他既無知又異想天開。結果，隨著戰後經濟復甦的腳步，工業投資人不知不覺一個個被吸引進去，於是工廠、住宅、商店相繼繁榮起來，他所擁有的土地也理所當然地「水長船高」了。鄭周敏是如此這般躐起的，誰能說他不是天才？又怎能把「炒地皮」的帽子，扣在他頭上？

然而，儘管鄭周敏有一流頭腦，卻也同樣跳不出家族企業的格局。大凡事必躬親，領導階層家族化，企業經營愈想多元化，相對的風險也愈大。打從「亞信風波」之後，鄭周敏的事業顛峰已可論定，今後鄭氏家族不是鴻圖大展而是如何守成！

事業的成功與否，不能以財富來衡量。蔣家兩代總統，爲國盡瘁一甲子，也均兩袖清風，不沾銅臭，但大溪途上的瞻仰客，一直絡驛不絕，這豈是富可敵國的富豪所能攀比？

ＩＢＭ電訊部最高主管愛倫女士，出了校門就一頭鑽進—ＩＢＭ，不到二十年光景，已從基層職員躍升公司靈魂人物，在她手下的員工總計不下一萬二千人，年營業額高達六十億美元！但公司盈餘再多，她只領一份薪水，而其成就感，卻和ＩＢＭ老闆不相上下。她這種自甘「牛後」的執著，又豈是芸芸「雞首」所能望其項背？

本章所舉成功範例，悉皆聞人顯要，不無誤導之虞，事實上，學校教科書就一直誤導學子，要向大人物看齊，連孔夫子也露骨地提倡人死留名。於是，「爭名日夜奔、攘利東西騖」就成了世人鑽營沽釣的最佳寫照。

事實上，人的天賦生而有別，成功的極限亦因人而殊。如所共同熟習的手語，大姆指豎起來代表「了不起」，食指和中指伸出來代表「勝利」，那麼其餘兩個手指又算什麼？無論如何，沒有人說應該切掉，因爲，它們畢竟不是廢料。世人往往都自以爲聰明，但大多缺乏自知之明，本書開宗明義就提醒讀者，「你未必能和別人比高，但你確有自己的巔峰」！這是非常重要的思維方向，如果偏離這個前提，就會差之毫釐、謬之千里！

工業社會，白領階級的優越感，已被藍領階級明顯打壓或取代。由於科技「掛帥」，技術人才已成產業界和服務業的寵兒，因此，藍領階級的平均所得和社會地位，均隨著提高。坐辦公桌、吹冷氣，只能處理事務性、文書性工作的人，已不再受人尊敬，特別是西裝畢挺、皮膚白皙的男士，已有蛻變爲女性化溫室小花的尷尬！

然而，這並不表示，今後藍領階級將淩駕白領階級之上。處此競爭時代，不管風水怎麼轉，「行行出狀元」仍是「金科玉律」。每個人都應本著自己的性向、志趣和天資稟賦，去選擇適合自己的行業，追求自己的極限。漫畫家蔡志忠僅有初中程度，一頭鑽進漫畫世界，歷經十年的努力，終於有了自己的一片天，不但出版等身、名利雙收，娶個太太還是光啓社相當出色的導播呢！已故三毛（本名陳平），在求學時代，數學經常得「鴨蛋」，電視新聞主播、熠熠發光的李豔秋，數學天份比三毛好不了多少。但她倆各走各的路，也都各有所成。現在陳平已離開塵世，但自殺是她對人生另有盲點，而非有志難伸。

語云「男怕選錯行、女怕嫁錯郎。」其實，今日社會，男主外、女主內的分際已不存在，男女所「怕」的也完全相同。一個缺乏語言天份的人，最好不要志在外交官或廣電新聞播報員。有位機械高手，偏要改行去做廚師，他認爲做個名廚，總比做個技師更有成就感，而且待遇好，不論是飯店或餐廳，老闆都得另眼看待。但他操作機械往往無師自通，學做廚師卻始終無法突破打雜和助理的「峰」格。

一個人未能成名致富不算失敗，把天賦才華棄如蔽履，才是最大的罪過和悲哀！當然，每個人都不只具有一項天份，但要成功，魚與熊掌不易兼得。審度主觀條件和客觀因素，最好在某一階段，只作一項最明智的抉擇。世人必須切記，即使是「條條道路通羅馬」，你也只能選擇一條路。否則，進進退退，永遠無法到達「羅馬」。

時下各行各業徵求人才，多仍以考試決定取捨。此一作法，看似公平，其實最不科學。今後升學、求才，不論制度和方式，都有革故鼎新的必要，庶免人才誤植或埋沒。以軍校招生為例，有些報考者，根本動機不純，也不具備軍官的材質，不僅增加退學或淘汰率，且對可塑者造成負面心理影響（尤其是自動退學率過高，所產生的不良影響）。假如，軍官養成教育，不招考高中生，改採士校及預校篩選直升制，凡有志報國的國中生，就先進士官學校或軍官預備學校就讀，經過三年文武雙修的教育訓練，再透過體能、領導力、意志力及性向等綜合考評，合格者即直升三軍官校，不適合軍官養成條件者，則輔導參加普通聯考或就業，並追償各項公費，這樣的改革，不僅可提高投資報償率，更可提高軍官的素質增強國軍戰力！

總之，事業成敗以能否發揮天賦潛力爲斷，只要人才適所、才盡其用，不論行業何屬，職位高下，都應受到肯定，當然也都算是成功！

三、婚姻：三種境界十一標竿

男娶女嫁，有夫妻名份並組織家庭是謂婚姻。在男主外女主內的時代，一般的說法是「女人嫁漢、穿衣吃飯。」相對地，男人娶妻便是燒飯、洗衣。當然，更重要的是傳宗接代！他（她）們不經戀愛而結合，也不一定懂得什麼是愛情。所以，在現代人看來，農業社會的人實在太可憐。尤其是身爲女人，「嫁雞隨雞、嫁狗隨狗」不說，由於男女不平等所加諸女人從一而終的無形枷鎖，使女人視丈夫比天還高，而古人造字，也在有意無意之中把「天」字出頭叫做「夫」。因此，從前女人死了丈夫，會聲嘶力竭地哭「天」，那種幽怨悽切之情，絕非「如喪考妣」所能比擬。

然而，現代婚姻又是怎樣一種「風貌」？結婚必經自由戀愛，適婚男女擇偶有絕對自主權，父母之言只能提供參考而已。戀人經過漫長的愛情長跑而結合，理應幸福美滿才是，然而，現代婚姻就像一張緊綳的薄紙、彈指即破！據一項統計報告：臺灣地區的離婚率，隨著經濟成長節節升高。民國七十年以前，臺北市每年的離婚案件，均在二千八百件以下，到了八〇年，平均每個月就有四百二十對以上的怨偶正式宣告仳離，至於家庭瀕臨破碎或處於分居狀況者更不知凡幾！十年前每一二．五對夫婦，有一對以分手收場。到了民國八十二年，每五對就有一對婚姻破裂！高雄市的文明腳步跟不上台北，但一百多萬的人口，平均每天即有四十一對勞燕分飛，也差不多是五比一的情況！從前有「七年之癢」的說法，如今剛走出禮堂就分手也不稀奇。在年齡層上分析，三十五至三十九歲居首，五十至六十歲居次，而且，不但男的先「癢」，女的也會先「癢」！以前有句諺語：貧賤夫妻百事哀。但哀歸哀，離婚二字卻不敢輕易提出。現在，臺灣是吃飽了「撐」的。據說中國大陸的離婚率，近五年也「成長」驚人，怎麼剛塡飽肚子就『作怪』，是不是叨開放之賜，「臺灣經驗」照單全收？

時下有句流行語：不滿意，但可以接受（意思是包容）。婚姻問題不美滿，大部份是出在猜忌和沒有包容心。其實婚姻問題不是始自今日，古時即有所謂婚姻問題，說是古代或許應該拉近一些，就在倡導自由戀愛之前，婚姻就有糾纏不清的「結」，男女成家叫「結婚」，這個名詞還眞傳神。不過，從前這方面的問題，不會搬上「檯面」成爲社會話題。

譬如中古時代的歐洲，男人爲婦女設計一種貞操帶（著者還有一幅可貴的圖片），當男人外出工作時，就把貞操帶像現在的三角褲一樣給固定在相同位置，這就是丈夫不信任妻子的明證。然而，愈是猜忌防範反彈亦愈強烈，傳說，套上貞操帶的女人，還是有辦法和情人「辦事」！

再以英國王室爲例，女皇三子女的婚姻都不平順。尤其戴安娜與查李王子結婚，灰姑娘搖身一變成爲王妃，享盡榮華富貴，羨煞多少尋夢的少女。但她那神經質的性格，就是容不下蜚短流長，其實嫁作商人婦，或是嫁給軍人，就有安全感嗎？王儲即使眞有偶斷絲連的婚外情，充其量不外偷腥而已，野女人又怎麼能堂而皇之搶走王妃的榮寵？贏家不做偏做輸家，令人扼腕。相較之下賈桂琳甘迺迪就高明的太多了，美國現任總統在競選也曾遭遇外界的質疑，但聰明的柯林頓夫人堅持信任她丈夫，於是她戴上了第一夫人的桂冠。

結婚是喜事，也是極其莊嚴的事。因此，人稱結婚是「終身大事」。既然彼此曾經那麼相愛，又是當事人自主的抉擇，爲什麼甜蜜「牽手」（臺語，隱喻夫妻），轉眼變成同床異夢？研究起來眞是問題「一籮筐」。於是，婚姻也者，就成爲適婚男女既期待又怕被傷害的最大盲點。

那麼，現代婚姻問題究竟有那些？婚姻問題專家們，人言言殊，且均只能搔到局部癢處。經驗法則證明，不同的「因」會產生不同的「果」；同樣的出身又會有不同的際遇。在算數中，一加一等於二，二加二與二乘二都是四，三加三等於六而三乘三就變成了九！有趣的是人間事也有著諸如上述的「常」與「變」、「偶」與「商」，婚姻自不例外。假如這世界只有「美」沒有「醜」，「美」的價值觀就失去了立足點。所有的適婚男女，都能匹配良緣，恐怕婚姻問題照樣存在。因爲，沒有苦澀作比較，有誰能體會出什麼是甜蜜滋味？

毫無疑問，最美好的事物，機率一定很低。假定事業顛峰是十分，那麼「盡人事」恐怕只佔三分，另七分得「聽天命」（機會、運氣），良緣匹配、神仙眷侶又何嘗不是這樣？

著者在討論婚姻問題時，習慣提出三分法的概念，以闡釋婚姻境界和價值觀。這三分法是將婚姻境界概分爲三個層面，「相敬如賓」是最高境界，等而下之是「歡喜冤家」，亦即「床頭吵、床尾和」的境界。最低層面「五花八門」，其中以「虐待狂與被虐待狂」最爲特殊。這三種境界的婚姻，只有一種最難得也最可貴，但三者卻均有白首偕老的可能。尤其「虐待狂與被虐待狂」更是「絕配」。儘管左鄰右舍爲之側目，甚至濫施同情，但當事人倒是「周瑜打黃蓋—打者願打、挨者願挨。」他們步入禮堂的過程，可能十分曲折，婚姻生活更是風波不斷，但一般怨偶動輒把「離婚」掛在嘴上，在他們的字典中，根本就沒這個名詞兒！

宋代詞人李清照和夫婿趙明誠鶼鰈情深，閨房韻事與她的詞傳爲雙絕。東漢的梁鴻與孟光「舉案齊眉、相敬如賓」，更傳爲曠世美談。今人如前行政院長孫運璿夫婦，總統府資政李國鼎夫婦，司法院長林洋港夫婦，前內政部長許水德夫婦，工商協進會辜振甫夫婦，立法委員洪冬桂夫婦，推動消費者運動搖籃的柴松林教授夫婦……，他們的婚姻都極爲美滿，歸類於第一境界當之無愧。至於「歡喜冤家」的第二境界，是現代婚姻族群的主流，雖然乏善可陳，倒也「比上不足、比下有餘」。第三境界中的「虐待狂與被虐待狂」，能在茫茫人海中「有緣千里來相會」，的確是個異數，也像是冥冥中的安排，但卻絕對不能說是一種悲哀。

有個眞實的故事，證明「旁觀者清」這句話大有商榷的餘地。

多年前，一位家住臺中的中學校長，十分戀家，每逢週末就從外地匆匆回來。夫妻「小別勝新婚」，甜蜜溫馨賽神仙，但這樣的情境，恰似「晴時多雲偶陣雨」，轉瞬之間就起變化。天生具有暴戾傾向的校長夫人，愛到深處就「抓狂」，三句話不投機，抓起雞毛撣子，便朝著先生狂打猛抽。而且「河東獅吼」、四鄰不安。因此，週末對他們的鄰居來說，是個不祥的日子，過了中午十二時，左鄰右舍就開始神經緊張！

鄰居太太們，在深惡痛絕之餘，甘冒挑唆之嫌，偷偷地向校長耳語，「還是長痛不如短痛爲妙呀！」不料校長先生卻氣定神閒地回答說：「沒什麼，習慣就好了！」聽得太太們目瞪口呆，好不尷尬。

「習慣就好了！」的確，說不定那個週末「風平浪靜」，這位校長還眞不習慣呢！「絕配」，不折不扣的「絕配」，配對了，即使夜夜上演「鐵公雞」，明天的生活依然很美好，任你婚姻問題專家跌破眼鏡，那是少見多怪！

婚姻境界的高低，在進入「全方位」生活之前是不確定的。因爲，戀愛有其盲點，即使曾是青梅竹馬的玩伴，仍有其未知數。自然流露的本性，或可看得眞切。成長中養成的痼癖、隱疾，很可能會刻意隱藏起來。

一位年輕工程師，與一位女教員，相戀七載才步入禮堂，郎才女貌人人誇讚。但蜜月結束不久，工程師就開始締造「逃家」紀錄。什麼原因促使他向外發展？說起來好笑，只爲太太是個潔癖。七年來他只知道女教員很愛乾淨，絕未料到擁抱愛乾淨的太太這麼痛苦。她把家庭佈置得井井有條，窗明几淨一塵不染。這麼能幹的太太那裡找？而先生的讚美，也會使她飄飄然如沐春風。然而，掌聲有時能使人走火入魔，太太受到鼓勵，反而將先生視爲「取締髒亂」的對象！舉凡鞋子怎麼擺、帽子怎麼掛、報紙、茶杯怎麼放、刷牙後面盆怎樣擦、換洗衣服怎樣堆，甚至蚊子、蟑螂怎樣打，也要依閫令行事，稍有違誤，就把訓斥學生的姿態擺出來。次數一多，新鮮度大減，於是，工程師開始反感。初則遲歸，繼則「逃家」。離家幾天就想家，回家片刻又「逃家」，如此週而復始，工程師大歎「丈夫難爲，不如不歸！」

三十年前，有位女作家，在描述家居生活的文章中說：她先生什麼都好，就是十分情緒化。偶然看著什麼不順眼，就會無名火起。所幸她是個傻大姐型的女性，自信「知夫莫若妻」，在他神經兮兮的時候，最好不去理睬他。有時丈夫在客廳大發牢騷，她卻和孩子有說有笑，玩得十分開心，等丈夫稍爲安靜下來，她會傻里傻氣的向孩子問道：「爸爸剛才說什麼啦？」先生一聽深覺無趣，不是赧然入房，就是施施然蹓出去了！

不用說，這對夫婦永遠吵不起來，而女作家以柔克剛的性格，無疑是「琴瑟調和」的潤滑劑。

五〇年代女作家徐鍾珮在「家在臺北」一書中，形容自己是個樂觀爽朗、喜歡高朋滿座的人。在臺北的日式蝸居中，常洋溢著昔日閨友相聚的溫馨和歡樂。有一次，女士們有說有笑、渾然忘我，稍一安靜，有人警覺到疏忽了男主人的存在。但在大家目光的「聚焦」處，竟霍然發現一向沉默寡言的男主人，靜靜躲在榻榻米小房間的一角，像老僧入定似地讀起字典來！這位男主人，就是後來做過大使，從外交部長任內退休的朱撫松。他們夫婦性格不同，卻能互相欣賞、互相尊重，恩愛美滿不在話下。

讀過林肯傳的人，都對林肯夫人的尖酸刻薄印象深刻。但她嬌小玲瓏、容貌不俗，竟然執意下嫁既窮又醜的林肯，憑著這點「慧眼」，就足夠後人佩服不置。儘管林肯傳的作者刻意貶她，甚至是醜化她，但如果說她對林肯是個不折不扣的「包袱」，那林肯又怎麼能入主白宮？

客觀地說，當林肯的功業登峰造極時，她的鋒芒全被丈夫的光環所掩蔽，這才特別凸顯了她性格的弱點。基本上她不是嫉妒丈夫，而是生怕別人低估了她。

林肯在事業上成功了，但悍妻使他那醜陋的面龐更加陰鬱，這就是爲什麼日理萬機，該休息時還耽在辦公室不願回家的唯一原因。後來他死於刺客槍下，這一槍使他不朽的功業畫下了休止符，也幫他解脫了婚姻的枷鎖！

小提琴家鄧昌國和日裔鋼琴家藤田梓，一個是俊男一個是美女，二人志趣相同，成就非凡，誰曰不是天賜良緣？然而，曾幾何時，這對神仙眷侶早已勞燕分飛！究竟是什麼原因，非要重歸陌路不可，傳說紛紜、莫衷一是。但有一點可以肯定，二人皆屬性情中人，追求完美又自視過高。分手後舊情難忘兩心戚戚，但同樣因爲倔強的個性，春殘夢斷永不「回頭」！（鄧昌國病重時，藤田梓到病榻細心照顧他，這證明他們曾經掙扎過。擁抱時苦，分離也苦，怪只怪沒有夫妻緣份。）

五〇年代，香港紅星林黛和導演嚴俊感情決裂時，綽號「龍五」的花花公子龍繩五乘虛而入，成爲林黛的入幕之賓，旋即閃電結婚。婚後龍五難改風流本性，時常出入歡場，讓林黛獨守空閨。有一天，林黛想藉假自殺嚇嚇龍五。她估計龍五淩晨回家，乃及時打開瓦斯筒，使其徐徐漏氣，不料弄假成眞，一寐竟告永訣！

龍五風流倜儻、獵艷高手；林黛容貌出衆、性情剛烈。他們的婚姻看似珠聯璧合，實則冥冥中霉運撮合孽緣，不死別亦必生離，無可避免。

●

一九九一年初，美國前第一夫人南茜・雷根，成爲醜聞內幕作家的「箭靶」。某內幕作家把南茜形容爲乖張、拔扈、攪局、擅權又與演藝名人暗通款曲、不乾不淨。總之，在內幕作家筆下，南茜一無是處。

持平而論，南茜在人際關係上的表現，比林肯夫人好不了多少，很多內幕，無疑是出於白宮傭人的捏造，以報復她待人的苛刻和高傲。然而，雷根夫婦始終鶼鰈情深，互信互諒。事實上南茜的精明對大而化之的雷根確有互補作用。因此，她對雷根不僅不是包袱，反而是他成功的助力。這就是爲什麼外界再怎麼造謠，卻從來不曾聽說雷根夫婦貌合神離、一如甘迺迪之與賈桂琳。

像雷根這樣的好好先生，爲何前妻珍曼蕙執意要離他而去？她從未懷疑雷根對婚姻不忠，也未嫌棄他在演藝界，邁不出二流境界。依珍的說法，是他太熱衷演藝公會的工作，使她難耐空閨寂寞。如果這是唯一的理由，那麼，珍曼蕙就必然是雷根事業上的阻力。雷根爬上了總統寶座之後，不知珍作何感想，但如有自知之明，便不會有所遺憾。因爲，她和雷根在一起不會幸福快樂，雷根也必然進不了白宮。

婚姻美滿與否，除了關鍵性的性格因素，生理問題也不多讓。俊男配醜女，固可解釋爲「情人眼裡出西施」，亦可譬如臺灣的芝麻香蕉，外表不漂亮，吃起來別有風味。請別誤會她們是以床上功夫博取丈夫歡心，而是生理構造有其優越性。這證明「上蒼」非常公平，不給外在美，內在一定不輸人。經驗豐富的浪子會說：看起來天生麗質的女人，行房時，往往味同嚼臘，與醜女行魚水之歡，卻可能回味無窮。是以，人們若見俊夫醜婦特別恩愛，大可不必大驚小怪，他們自有互相滿足的理由，只是閨房私密不足與外人道而已。

因生理構造與體質特性之恰適而使婚姻益爲鞏固者有之，相反地，因生理因素的難以調適而產生婚姻危機者，也不乏實例。

有位古姓華僑，第一任妻子是本國女子，因「誤會而結合，因了解而分離。」第二春贏得美國女子的芳心。這第二任妻子，曾在我國留學，不但貌美，並且具有中國淑女的美德，知書達禮、溫柔賢淑，事婆母至孝，待前房子女如己出。因此，深為僑社所稱道，咸誇古郎「好有福氣」。然而，萬萬想不到，這次婚姻仍然沒有維繫多久，所不同者，這次婚變是生理障礙無法克服。原來每當行房時，先生就會為妻子下體散發的異味（當然不是狐臭）而嘔吐。因之，每次上床就得端個面盆放在床邊，久而久之「性」趣缺缺。就醫求診，醫生亦不得要領，最後只好協議分居。古的岳家為此深感困惑，還猜測是血統差異使然。但放眼世界，異族通婚十分平常，黃白配更不稀奇，為何獨獨這對異國佳偶會遭遇此種難題？而這類案例，如非婚前已發生超友誼關係，怎麼可能料想得到？

某長者訴說了一段往事，聞者無不莞爾。在他穿著開襠褲子到處跑的年代，小小的心靈，常為一位堂嫂，被丈夫打得尖叫而迷惑。更令他不解的是，晚上打得雞犬不寧，白天堂兄又把太太抱上抱下百般安慰。既然那麼憐香惜玉，為何又不時虐待她？這個謎一直到二十年後才得揭開。在一次同去公共浴池泡澡時，這位長者發現堂兄的生殖器碩大無比，足足有一般成年人的兩倍有餘！這就是謎底所在，而這個案例，恐怕連現代手術（陰部擴張手術）也幫不上忙。由此可見，婚姻不諧原因複雜，除痼癖、性格等因素之外，生理上之不適應，也能構成障礙。

婚姻之路如此坷坎，那麼，婚前婚後要有什麼樣的共識？最流行的說法是「婚前睜大雙眼；婚後睜隻眼閉隻眼。」但事實上，眼睛睜得再大仍有盲點。要克服盲點，首先，戀人均應坦然相對，不虛矯、不僞裝，表裡一致、純然不雜。俗語說「江山易改、秉性難移。」無法改變的根性和缺憾，只能隱藏一時，不能永久障眼，既然婚後終將「裸裎相見」，何不提前透明？如果有此共識，彼此欣賞對方的優點，也能接受對方的缺點，成功的機會就能掌握七、八成了。

除了不能克服的婚姻障礙，以下幾點心理建設，對戀愛中或已經結爲連理的人，應該都有助益。

㈠婚前勿求全，婚後相包容：社會上不少條件很好的適婚男女，忍令歲月蹉跎，喜帖一直發不出去。這類人除非「寡人有疾」，泰半是「求全」心理作祟。「求全」實際上就是「抱殘守缺」。試想，世間既無絕對完美的事，那有絕對完美的人？即使眞有「完人」，以「凡人」擁抱「完人」，恐怕也是一種痛苦。由於自視過高，又犯了求偶公式化的毛病，結果，「單身貴族」的標籤始終拿不掉，豈非「抱殘守缺」？

婚前不可「求全」，婚後更不能任著一己的性子和配偶相處。能夠從紅地毯的這一頭走到那一端，就應該是互相欣賞對方的優點，也能接受對方的缺點。換句話說，戀愛期間應該已經知道包容的重要性。不過婚後包容的幅度可能要大些，特別是三代同堂的家庭。對婆媳姑嫂包容的功力首重自反而縮，苦樂也要反求諸己，有包容的雅量，無形的牆就不存在，家庭氣氛就會和諧。

㈡溝通是藝術而非公式：兩個人在一起就有磨擦、誤會，三個以上的人在一起，就會有猜忌。所以，溝通固然必要，還得講求技巧。如所謂「運用之妙存乎一心」。情緒化的「單刀直入」，不但達不到溝通的目的，反易在感情上造成傷痕。

溝通的方式、時機、氣氛都要用心營造。柴松林教授的溝通方式是家庭會議，透過民主程序整合分歧、建立共識。這種方式很新潮，也頗值得稱道，但卻不是每個家庭都能仿效得來。

言語溝通之外，「紙上溝通」也有妙處。例如，將有關的副刊剪報置於書桌，妻或夫就可能因標題的吸引而詳細一讀，這種借力使力的迂迴方式，遠較直接溝通有效得多。

有對夫婦，新婚伊始便建立了另一種溝通的模式。他們在共用的書桌上，擺了一本大型日記簿，封面寫著「他她蜜」三個字。每天丈夫寫一段，妻子也續上一段，入睡前彼此閱讀對方的生活感言，閱後會心一笑，倍感甜蜜溫馨，而其溝通的效果，猶勝枕邊細語。

有一天，丈夫這樣寫道「媽很嘮叨，嘮叨中常夾雜著對我的不滿。我知道妳很爲我不平，有時情不自禁地爲我辯解一番，令我十分感動。但是，當我們想到媽自年輕守寡至今，現在又面臨更年期的煩惱，就不會心存芥蒂。我們能盡的孝道不多，而媽媽則漸行漸遠，……。我們不知道如何使媽快樂，但讓媽宣洩一下心頭的積鬱，是我們可以做到的，妳說是嗎？」　妻子讀後細細玩索，不禁潸然然淚下，心想：有這樣的好丈夫，眞是三生有幸！

㈢「三信心」以誠恕爲本：夫妻相處，互信、互助、互諒非常重要。不過，有此共識的夫妻不少，眞能做到的卻不多。原因是出在人性的弱點上，一般人的通病是權利第一義務殿後，在任何人際關係上，也都是嚴以責人寬以律己。如能反轉過來，開誠存恕、將心比心，就不致本末倒置了。

互信之賊莫甚於多疑善妒，有此心病，會使朋友疏遠、閫闈降溫，甚而疑雲醋海、風波不斷。以言互助，非僅家務瑣事互相幫助，舉凡事業、工作乃至人際關係，夫妻亦能互補、互助。至於互諒，自然是互相體諒之意。猶有進者，「人非聖賢孰能無過？」如果一方偶而犯錯，不可永遠記恨，那怕是一時迷情，只要及時悔悟、懸崖勒馬，不妨千縷幽怨一筆勾銷，若動輒出言譏刺或竟存心報復、以牙還牙，那不只是折磨對方，又何嘗不是自我毀滅？

㈣張揚家醜不僅貽笑大方：閨房齟齬，不論誰對誰錯，切忌對外張揚。向朋友、鄰居訴說家醜，不僅招人輕視，還會授人以隙。有的職業婦女，因夫妻感情不洽，向昔日室友或同事訴說委曲，反而因此失掉了丈夫。（對方表面佯作同情，實則竊喜有機可趁。）可見張揚家醜、貽笑大方還算小失。如果，自認「當局者迷」，希望有人指點迷津或心中積鬱已深，亟待發洩，那麼，最好的投訴對象，應是正牌「張老師」之類的公益組織。縱無實質助益，亦不致產生負面作用。不過有些人爲了博取同情，常會羅織對方罪狀，以彰顯自己的無辜。結果，誤導了指導迷津的人作出錯誤的判斷。

㈤發脾氣要適可而止：語云，燈不點不亮。不輕易發火動怒的人，在關鍵時刻發個小脾氣，確有醍醐灌頂之效。但應見好就收，不可「過火」，「過火」就會造成傷害。

曾被譽爲華視新聞部「金童玉女」的李濤和李艷秋夫婦，是公認最恩愛和最有默契的一對佳偶，有一次李濤回家，竟於更衣時將臭襪子丟到化粧枱上。李艷秋一見大爲光火，一再質問李滔，爲何有這樣不可思議的動作。李濤初則沉默不語，逼急了反而大吼道：「講一句就夠了，爲什麼喋喋不休？」李艷秋聞聲愕然。她想：是啊，問一句就夠了。可是，爲什麼他把臭襪子丟向我的化妝枱，又對我的質疑不理不睬？

其實，李濤當時不語，就已表示知錯，爲什麼不向愛妻表示歉意，可能潛意識自認是無心之過。忙碌一天身心俱疲，但腦子裡還縈繞著許多公事，入浴前把襪子信手一丟，丟到那裡根本未經大腦。因此，怎麼上了化妝檯，他自己也無法解釋。而在李艷秋看來，這個動作「太離譜了吧！」所以，她的「吼」不無道理，只是「得理不饒人」，才逼得李濤窘極反彈。好在小倆口恩愛逾恆，生活上的小波紋，不會掀起大風浪。倘若閨房氣氛一向不好，小誤會極可能釀成大風暴。

走筆至此，著者願將本人往日一段糗事公諸於世，以印證心神分離，往往會造成行爲偏差，應該有所警惕。

十年前，著者與服務機構數位同事，在高級主管專用餐廳共進午餐。我邊吃邊想如何解決一項棘手的問題。因此，目光凝滯，並未專注餐盤的食物，在窗外透射的光線下，眼前只有刀光叉影。此時，我身旁的 L博士，突然高叫「嗨！你怎麼侵略我的餐盤？」當時我和李濤的心理反應可能完相同。「怎麼會呢？」但事實上我手中的叉子，的確越過了「楚河漢界」，進入L博士的「畛域」。鄰座的C協理趕忙打圓場說：「我的菜吃不了，分你一些！」這一來使我眞的赧形於色，一時頗覺有口莫辨。略爲鎭定乃連說：「對不起，我在想事情。」素有君子之風的L博士，似乎由衷諒解，卒以「一笑泯尷尬」。事後回憶當時的環境，終於有了結論：在腦波集中思維狀態下，眼睛受光影投射，發出錯誤訊號，致使腦神經中樞又下達錯誤的指令所致。

由於有這段往事，李濤將臭襪子丟上化妝枱的「不可思議」，我倒頗能理解。

㈥最有效的抗議，要他內心交戰：婚姻危機以感情出軌最嚴重。笨女人若是發覺丈夫有了外遇，就會「一哭二鬧三上吊」。這種策略或能使丈夫稍加收斂，但卻很難使他把心收回。一旦撕破臉，情悅可能更糟。有位心思細膩、處事冷靜的少婦，在發覺先生試著「翹家」，但又無法確定有了外遇，她的反應是「達玲，不知是什麼緣故，我一直感到情緒低落，請讓我回娘家小住，等身心恢復正常，再去接我。我不再時，你要好好照顧自己，別使我掛心。」先生有些忐忑，但又竊笑自己作賊心虛、太過敏感。等太太走了，好像籠中鳥恢復自由，整整興奮了一整天。但入夜蹣跚歸來，家中冷冷清清，一切家務都要自己來，打電話給岳家，岳家推說女兒外出未歸。如此日復一日，內心不斷交戰；夜復一夜，失眠外加自責。終於在掙扎中撥雲見日，頓悟「野花那有家花香？」於是，冒著寒風苦雨，深夜驅車趕去岳家，向岳母大人長跪，表示無限懺悔。向來「丈母娘看女婿，越看越有趣。」既然女婿知道錯了，焉有不幫忙之理？而太太經母親一番開導，也就滿心歡悅地重回丈夫懷抱。

處理感情脫軌，背景因素不同，自無刻板模式，但柔性的策略遠勝直接衝突，則是不爭的眞理。

(七)培養共同興趣，婚姻會更美滿：年輕夫妻，不論是否都要上班。培養共同的興趣非常重要。無論平日怎麼忙，夫妻儘可偷得浮生半日閒，一起郊遊、看電影、逛夜市、到卡拉**OK**店去唱唱歌，或是到夜總會去跳跳社交舞，都能玩得盡興，一掃生活上的陰霾。如果，一人喜歡繪畫、攝影、逛藝廊、看畫展，另一人則打牌、酗酒或習於獨處，夫妻喜好如同「風馬牛」，勢必影響生活情趣。

一般而言，年輕夫妻若都有職業、各忙各的，至少透過枕邊細語或魚水之歡，尚能有所彌補。到了晚年，夫妻若無共同興趣，便會常覺無聊乏味。爲什麼有人愈老愈開朗；有人愈老愈古怪？如果仔細觀察左鄰右舍那些老夫婦是否「氣味相投」，就可知過半矣！

㈧心死了也別說絕話：不管怎麼努力，一旦心結無法解開，擁抱婚姻的確非常痛苦。但不論情況有多糟，理性永遠是對的。情緒化的肢體動作或毒言毒語，都無法使局面改觀或傷口癒合。當然，付出的太多，報償卻完全落空，未免心有不甘，這也多少表示心猶未死。但也有人對挽回婚姻已不抱希望，甚至情願早日解脫。因此，毫無忌諱地咀咒痛詆。其實，再毒再狠已無關痛癢，爲什麼不表現一點風度？情絕友誼在，悲劇也要圓滿落幕，何況婚變不能完全苛責一方，所謂「孽緣亦緣」，當初愛得死去活來，恐怕父母也左右不了，又能怪誰？

㈨第二春不羨慕也別排斥：現代婚姻的特色，結易離也易。夫妻吵架，往往「離婚」脫口而出。語云：相罵無好口。「好，離就離，難道天下的男人都死光了？」這種衝動，多少懷有機會主義的憧憬。再露骨一點地說，這種心理是「再賭一次，只要我年輕，有什麼不可以？」

然而，結婚不是購物，「上次當學次乖」。離婚的人，不論誰是誰非，心身都已不再健康完好，尤其揹負子女的包袱，尋覓第二春更是難上加難。然而，既然恩斷緣絕，消極、放棄的灰色心態亦不足取。跌倒了一定要重新站起來，山不轉路轉，只要勇於面對人生逆境，「柳暗花明又一村」絕對不是夢。努力袪除「一旦被蛇咬、十年怕井繩」的二春恐懼症，重要的是把失敗的原因找出來，作好心理建設、重新出發，愛神仍會向你招手。

有位完美主義的「單身貴族」感歎地說：「美國有一年輕農夫，擁有八個志願太太，九個人一起下田、一起生活，其樂融融。高雄也有一位中年婦女，擁有五個實質老公，女主人主持中饋，男人們負責賺錢，這個蜜蜂家族，合同奉獻、分享暮春，也能滿室溫馨、平靜無波。爲什麼社會上一對一的婚姻關係，反而那麼脆弱？」在臺灣，「貧賤夫妻百事哀」，已是過去式的婚姻悲情。今日的婚姻問題，單純的經濟因素已不多見。社會多元化、文化異質化、競爭激烈化、人慾三級跳、人生目標迷離模糊，無疑是婚姻脆弱的潛在禍根。要拔本塞源，有賴心理建設，而心理建設必須社會化，但卻要有情人都從「方寸之地」做起！

婚姻極限，橫切三種境界定於一，縱觀「白頭偕老」，還看「牽手」能否走得穩。

西洋人在婚姻全程設定十一道標竿，稱之謂婚期紀念。結婚週年是紙婚，五年是木婚，十年是錫婚，十二年是皮婚，十五年叫晶婚，二十年叫磁婚，二十五年叫銀婚，三十年叫象牙婚，四十年稱爲羊毛婚，五十年稱爲金婚，七十五年稱爲鑽石婚。二十世紀東方婚俗日趨西化，婚期紀念亦有樣學樣，但婚期紀念的由來不求甚解，而婚期紀念的標竿是怎麼設定的，則更不甚了了。爲什麼錫婚與皮婚只相隔兩年？「羊毛」何以比「象牙」還珍貴？而西方婚姻常有「七年之癢」的症侯群，爲什麼不把「錫婚」訂於第八年？這些有趣的問題，姑且不去尋找答案。但崇尚西方婚俗，既已成爲風氣，已婚男女理應以西洋婚期紀念相勉。

現代人平均壽命不斷提高，所謂「人生七十古來稀」的說法，已經不合時宜。然而，「金婚」對現代人越來越沒有信心，遑論「鑽石婚」！

有人說，如果魚與熊掌不能得兼，寧捨熊掌而就魚。但對婚姻而言，幾乎人人追求完美，畢竟一千個溫煦的春天，勝過十萬個寒冷的冬天。正因爲如此，「戀愛是盲目的」一說，不應是婚前「偷嚐禁果」的藉口；婚後也不能把「婚姻是戀愛的墳墓」，爲婚變預作伏筆！

「相敬如賓」的境界，雖不是每對夫婦共同的顛峰，若以包容子女的心，包容妻子或丈夫；把體己之心，去體貼丈夫或妻子。那麼，不論婚姻的境界如何，「白頭偕老」應該不成問題。

四、壽命：先天設定、各有大限

上蒼有好生之德，人有追求長壽的權利。但無論醫學如何發達，衛生如何進步，生老病死的循環，永遠不會改變。秦始皇不懂生生不息的循環法則，才鬧出尋求長生不老仙丹的歷史笑柄。

二千年前，秦始皇「一統天下」，志得意滿之餘，想到人生苦短，如果不能長生不老，「阿房宮」的佳麗豈不花渡別枝？於是命人廣訪天下方士，尋求不老仙丹。好諂之徒就編了一個故事，說極東之海、日出之處，有個蓬萊仙島，因吸收旭日精華，長有仙草，可煉長生不老仙丹。此言果使「龍顏大悅」，於是，就命齊地瑯琊人徐福（日本野史記述，徐福為黃帝四皇子之後裔），率戰船甲兵剋日「東征」、速去速歸。徐福的船隊，從山東半島的芝罘出海，朝著日出的方向揚帆。經過漫長的航行，果然發現羅列的島嶼，於旭日襯托下極爲瑰異，因而斷定此即蓬萊仙島。於是，選擇一處海岸（今之九州矢賀）登陸。但島上除了島獸和身軀矮小的土著（後稱倭人），遍尋荒山隈谷，也未發現所謂「仙草」。一年過去，補給耗盡、兩手空空，徐福因而憂心如焚，不知如何回朝覆命？後來心生一計，立即率衆返航，向秦皇誑稱仙草覓到，但不適移植，須就地屯墾長期培育繁衍，然後採料回來提煉仙丹。進而請求精選童男童女各三千及屯墾所需種子、農具等，保證三年歸來不辱使命。秦始皇欣然照准，於是，徐福再次率船，重臨扶桑三島，從此，落地生根永不復返。（據日本史家考證，徐福即日本開國之神武天皇，但日本政府諱莫如深。國內研究徐福的論述，大同小異，遺憾的是均忽略秦始皇爲迎接徐福凱歸，曾迤邐東巡，至山東成山角，並在那裡草建臨時行宮的一段史實。今日尚有「秦皇遺跡」爲榮成縣八景之一，未知當地世稱的「秦皇寶殿」安在否？）徐福兩度東渡，都從福山縣的芝罘出航，爲何秦始皇會到最東端的成山角守候？那時既無電訊，也不可能藉飛鴿傳檄，想必是第二次出發時，約定二或三年後，君臣在此相會。所以，秦始皇才會在成山角設立行宮。迨望眼欲穿、音訊杳然，秦始皇只好黯然回朝，未幾抑鬱而終。追求「長生不老」、美夢成空，而秦祚亦未及三代即告敗亡！秦始皇或許至死猶深恨徐福之不忠，其實，關鍵不在徐福背叛他，而是他昧於生命的綿延是靠循環法則。雞生蛋、蛋生雞未能給他啓示；花開花落也未能使他變得聰明。

永生不是夢，但若離開循環法則，就是癡人妄想。能瞭解這個道理，那麼，追求健康長壽就務實多了！

的確，當今文明社會，由於生活素質的不斷提升，醫藥衛生的普及，平均壽命節節升高，已是不爭的事實。據日本一項研究報告指出：自一九六三年起，該國百歲人瑞，連續二十一年，均創世界紀錄。截至一九九一年九月十五日敬老節，全國百歲人瑞，已超過三千六百人。男女平均壽命也居世界之冠。目前男性最高年齡爲一〇八歲，女性則爲一一二歲。中華民國臺灣地區，據統計：民國五十年男人平均壽命是六二、三歲，女人平均壽命是六六、七六歲，到了民國七十八年，男人升高爲七一、九歲，女人更高達七七、二歲，每十年平均約躍升三歲。至於臺灣的百歲人瑞有多少，政府從未正式調查和公佈，但從每年重陽敬老的零星報導可以看出，高齡超過一〇五歲者大有人在。有位女性人瑞，因怕被人譏爲「老不死」，已經刻意「忘年」很久，其實際年齡據族人估計，應在一二〇歲之上！而著者則深信，當今人類的最高壽命，應已打破一三〇歲，甚至接近一五〇歲，只是這樣高壽的人，並不存在於文明社會，所以不爲人知，無從報導，對金氏紀錄而言，實在不無遺珠之憾！走筆至此，（一九九二年十一月十三日）果然有了新發現，據香港電訊社報導說：中國的西藏地方有個村落，目前活到一百三十歲以上的人瑞，不下一百八十八位之多；而年齡最高的老壽星，現年已一百四十二歲，到本書問世時，至少又添了一歲，而他們世居的地方，正是著者所說的，必是遠離高度文明，沒有競爭壓力，而且，空氣和水「一塵不染」的所在。

已故總統府資政張群先生，在行年七十時，曾發豪語說「人生七十才開始。」這話對文明社會的人來說，（無論是心智或體能），都未免說得太早了。然而，相對於四十年代猶有「人生七十古來稀」的說法，張岳公的預言，可以說雖「尙早」亦不遠矣！

東京市老人綜合研究所柴田博所長認爲：從遺傳基因的統計分析顯示，一一三到一一四歲，可能是人類生命的極限。著者對此一分析則持保留態度。以奧林匹克運動競賽爲例，每八年就會締造多項新紀錄，但卻無人能說永久紀錄的標的在那裡。人壽的紀錄也可作如是觀。現在，五六十歲的男人，其精神儀態普遍都較實際年齡年輕十至十五歲，有些四十多歲的婦女和二八佳人的女兒站在一起，常被誤爲姊妹花，這就印證了張岳公的話「人生七十才開始」，美夢終將成眞。不過，無論如何世俗的「死」，是無可避免的，既然長生不老不可得，只有退而求其次，那就是如何活得健康、活得長久。

現代人長壽之道，不外以下數端：

其一、營養保持均衡。農業社會，只要能塡飽肚子就已滿足，除了主食，蔬菜瓜果得看季節，也要自己種植才能吃得方便。由於缺乏購買力，想吃魚肉則天天巴望過節，過節「打牙祭」，只是解饞而已，根本不是解決營養問題。至於進補，若非富有人家，想都甭想，更別說有益無益了。

進入工業社會，拜經濟繁榮、民生樂利之賜，雞鴨魚肉、蔬菜水果，不僅四季不分，而且土洋雜陳。因此，問題不在有無而在營養過剩。自從流行「速食」以來，什麼可口的高熱量食物都有，大人小孩享盡口福，卻吃出很多問題。成人富貴病直線上升，兒童「小胖子」滿街跑。因此，今日臺灣，富則富矣，營養問題依然存在。

由於飲食習慣不良，以致營養過剩或不夠均衡，健康自然會受影響，及至健康亮起紅燈，又急於改善體質，乃聽信一些「半吊子」專家的一偏之見，往往矯枉過正，產生另一種負面效果。

正確的營養觀念，除了食譜上求均衡，也要因各人體質之差異而自我調適。譬如，有人酷愛肥肉、甜食，卻從不發胖，亦無血糖過高之虞，而另一種人，一向不吃高熱量食物，但方屆中年即爲糖尿病或高血壓所苦。這情形一般的說法是腸胃吸收力特強，以致熱能供過於求。實際與遺傳基因有關，即內臟調節功能較弱。簡單地說，就是體質問題。因此，在營養補給上，除了注重食譜的均衡，還要兼顧體質上的差異。換言之，食譜的調配與與體質的調適相輔相成，關鍵還在自知之明。至於內臟已有病灶的人，醫生的指導固應遵從，而善加體會和斟酌也不可或缺。所謂「久病成良醫」，的是不謬。

中國人多知食物兼具藥性，中醫處方亦取其相輔相剋之效用。如常識中有謂：食蝦、蟹勿食柿子；吃柿子不可飲酒，此之謂「禁忌」。而寒性食物、佐以薑、蔥或酒料，即能以熱剋寒，產生調劑作用。可見食物搭配，不能單看其營養價值，多少也得兼顧體質上的適應力。

最新一項醫學文獻說，香腸（含熱狗、火腿）、乳酸飲料（酵母乳）與香蕉三者先後或同時吃，容易致癌！古老的常識亦有行房前勿酗酒暴食；行房後勿飲冰、食梨等禁忌。蒙古和中國西南省份的少數民族，爲使遠方的來客，有「賓至如歸」的感覺，也就是爲了減少客人異地思鄉與寂寞之苦，就讓妻子或女兒與男客同眠。但是，主人的盛情僅止於同床，絕不可有超友誼的行爲。第二天起來，當家的主人，照例送上一碗冰水，如果客人很爽快的一口氣喝下，那表示「很夠意思」，沒有違背做客之道。否則，那就是一種懲罰，不死也將得場重病！一言以蔽之，營養均衡還須斟酌體質；講求衛生也得兼顧飲食適時、適量和適性。可見營養學不是一眼眼，而衛生常識也不局限於防堵細菌入侵。

其二、健身運動持之以恆。工業社會勞心者衆，不從事勞動，就得特別注重運動。所謂「戶樞不蠹、流水不腐」，誠屬千古不易的哲理。運動有助於消化，更可促進新陳代謝。因此，不但運動量要夠，還得持之以恆。三日打魚、二日晒網式的運動，那是虛應故事而已，實際裨益不大。

運動方式與運動量，因年齡體質而異。像打球、游泳、擊劍、長跑、單槓、木馬等運動，青、中年代皆無不宜。兒童骨質脆弱，適宜柔軟性或活潑性的運動，幼稚園將室外群體活動稱之謂「唱遊」，就非常貼切。老年人應側重機能性的活動，使關節、骨骼不致僵硬、加速老化，頭腦反應不致呆滯，至於循環系統之新陳代謝，亦有所裨益。

不論何種年齡，運動以適切、適量爲原則。近年流行卡拉ＯＫ歌唱交誼，這對肺活量固有幫助，同時尚可自娛娛人，增進生活情趣。至於社交舞，對老年人更是有益無害的健康運動。它不僅可延緩肢體機能的衰退，還有活潑細胞、愉悅心情的積極作用。

「夜貓子」賴床和懶惰成性的人，總有一大堆理由，為自己不愛運動作辯解。常聞的理由，就是托詞都市空間太小。其實，要運動隨時隨地都能做到。「床上運動」（非行房）早已不是新鮮名詞，而「地板操」都市人也耳熟能詳。晨起，可以到屋頂陽臺，跳繩、打太極拳、跳迪斯可。如果社區有廣場或公園，參加土風舞、韻律操或學習社交舞，其選擇範圍更廣。即使拎起袖子拖地板或改騎單車上班，不也是很好的運動？企業家王永慶，晴天外出晨跑，陰雨天就在室內作「毛巾操」。雙手抓著毛巾兩端，扭來轉去，全身的筋骨都跟著活動起來。可見懶鬼不運動，所持的理由實太牽強。有些人從事超越健康需要的運動，例如軍人、警察、特技演員、運動選手，他們是基於任務、職業的需要或榮譽心的鞭策，即使有所謂「運動傷害」，也要堅強地面對挑戰，但這均非常態的健身運動，一般人不必標榜。

中國古老的健身功術，流派很多，因為均具神秘色彩，且缺乏科學驗證。所以，跟中國醫術一樣，從未傳揚於世界。晚近的「吐納功」、「外丹功」、「內功」（亦稱「氣功」），在國內蓬勃發展，並已受到西方人士的重視，尤以「中國內功」，一位尹姓教授，已在美國各地巡迴開班多時。據說，不但健康的人反應熱烈，若干患有絕症者（包括醫生）經過內功「自然療法」，居然出現奇蹟！

「吐納功」對腸胃病及血液循環方面的疾病確有顯著的效果，特別是脹氣、便祕、肺活量不足、神經衰弱，有立竿見影的效果。「外丹功」對肝臟機能最有幫助。至於內（氣）功，以打通「任脈」和「督脈」爲共同理論。放鬆（肌肉、心情、關節儘量放鬆）、入靜（意念集中）、意引（氣隨意轉），此三者爲運作過程；氣功（氣發能動），亦即發氣後，體內能量啓動局部或週身機能性本能性的動作，此爲「內功」入門基本概念。據說，幾乎無病不治，還能返老還童！在留美多年，只爲研究內功，遍訪大陸各派宗師、博採精華，自成系統的尹教授，所舉的實例中包括：一位華僑巨富，因罹患肝癌花掉兩百萬美金，結果病情毫無起色，最後落得各大醫院拒絕收容的地步，這位華僑絕望之餘，只好準備後事。等死畢竟是一種絕望的無奈，一個偶然的機會，懷著「無聊當有趣」的心情去參加尹教授的內功試聽會，聽後又抱著「死馬當作活馬醫」的念頭加人學習，練了不到一年，癌細胞霍然消失！這一下可轟動了美洲僑界，也引起了白人社會普遍的興趣。另一實例是：一個禿子爲留不著頭髮而苦惱萬分，他原不是爲禿頭去練「內功」，但練過一段時間，身體健康起來，連頭髮也「復活」了，使他大喜過望。還有一例子：一位婦女年逾四十，上完了初級班的課，就沒再到班裡去交換心得。過了一段時間，尹教授看到她女兒來到班上和同學交談，他問：「妳媽媽怎麼好久沒來？」對方聞言怔住了，旋即恍然大悟，回說：「老師，我就是您的學生×××。」原來這位婦女，一直在家裡練功，幾個月不見竟變得異常年輕，尹教授錯把媽媽當女兒，，聞者無不莞薾。……

著者懷著「尋寶」的心情，參加過尹教授在台北市開設的內功班，頭一天試練時，就發現許多不可思議的現象，在列子中，有的人剛闔目「入靜」就能「氣動」（後來知道有些是已經初級「畢業」的學生），於是哭泣的人有之，拍打身軀的人有之，還有地上翻滾、拍打牆壁、撫摸聖像及穿梭於各行列拍打別人的背部亦有之。事後他們卻說不由自主，這好像是乩童起乩一樣，有點「玄」也有點「邪」，而我和部份學生，無論如何專注認眞，始終沒有類似怪異的發作。據尹教授說，有的人屬於敏感型，氣動很快；有的人屬遲鈍型，雖無「特異」動作，並不表示經脈無法通「氣」。而所有表現拍打、翻滾等動作者，正顯示其身體某部有病痛，那種本能性的動作，可稱之爲反射效應。這樣說來，著者應是屬於遲鈍型，也可能是身體和精神狀態都很正常。不過，我對某些驚人實例和所謂的反射效應始終存疑，尤其是前者。但我練了幾個月，體質明顯改善確是事實，以前有將近十年因胃寒，甚易腹瀉而不敢吃水果，尤其禁忌冷飲，如今冰琪琳也照吃無妨。過去腰部兩側，冬夜常感酸、寒且腦力不濟，如今文思敏銳，腰酸腎寒也不藥而癒，冬天不再感冒，連棉毛衫和棉毛褲也派不上用場了。雖然，頭髮並未「茂盛」起來，我還是很滿意。

一位中年太太則說，她練了幾週，發覺本即滿頭華髮，似乎越練越白，也不敢向老師直說。著者勸她直說，但我確信她的問題是來自精神壓力（憂慮、煩惱），與練功並無直接關係。

無論如何，中國內（氣）功確是國粹，惜乎門派林立，又各自標新立異，以致國人無從選擇，又怎麼能進一步推廣於全世界？而氣功界的誇大宣傳也是一大敗筆，說內（氣）功能健身益壽則可，說是各種疑難雜症，包括嚴重的心臟病、洗腎患者，甚至末期癌症，也能回天有術、不藥而癒，就不免有點走火入魔。試問，這樣以來醫生豈不全都面臨失業危機？而醫學院也需要換個招牌，改稱什麼氣功學院了！

其三、培養生活情趣。現代人打從幼稚園開始，就得面對競爭，到了青澀期，升學壓力接踵而至，及至踏入社會，不僅有工作挑戰的壓力，舉凡職場人際關係、情場的競逐，再來是組織家庭、維繫婚姻、教育子女……，面對各種客觀的變數和主觀的要求，從早到晚，從昨天到今天，從今年到明年，眞可說是碌碌終日不知所以；年年辛苦不知所終，層階低者爲生計掙扎打拚；眼界高者「爭名日夜奔，攘利東西鶩。」若問這就是人生目標嗎？都未必就能十分篤定。再問成就感又如何？可能也是一臉茫然。這就是有人厭世、有人消沉，還有人自怨自艾又怨天尤人的緣故。

其實，「人生如戲，人人演自己；戲即人生，人人看自己。」（見著者「菜根人生」一書）有了這層認識，就不會對人生的意義和價値感到迷惑。

既然人生就是「戲」，那麼舞臺必有前臺後臺之分。站在前臺就須賣力演出，回到後臺不妨盡情放鬆。語云：休息是爲走長遠的路。希望健康長青，更不可精神緊繃、體力透支，因此，適度的生活調劑，是健康之道，也是長壽之鑰。

講到生活調劑，有人便想到旅遊、登山、看電影、打小牌或泡茶藝館等。當然，貴族化一點，就是打高爾夫、玩保齡球、欣賞演唱會……。興之所至，各取所好，目的一樣、殊途同歸。不過，上述活動，多具有限制因素。能培養不爲年齡、環境和經濟能力所限制的生活情趣，對延年益壽自然更有幫助。例如繪畫、書法、篆刻、攝影、插花、集郵、養蘭、陶藝，越是接近藝術，愈能變化氣質、陶冶性情，亦愈能怡然自得。譬如醇酒、咖啡只能興奮一時，咀嚼菜根卻能唇齒生津、持久甘潤。有位教授對兒子說：「會讀不如會寫；會聽不如會唱。你愛聽別人唱歌，為什麼不試著唱給別人聽？」這實在是個很好的啓示。不管是老是少，如果每個人都能培養一點才藝，不僅平時精神有所寄托，在社交場合露一手，當掌聲為你響起時，那種快樂和滿足，非當事人不能體會於萬一。

在「菜根人生」中著者有如下一則心得，「會說，說出快樂來。會吃，吃出健康來。會穿，穿出氣質來。會玩，玩出天份來。」這四句話，多與生活情趣有關，也都對健康有益，不妨細加玩索。

其四、預防重於治療。諺云：吃五穀雜糧那個不生病？病痛不一定與生俱來，但卻無人能免，有人的確一向少病，但卻一病不起。這證明完全沒有小毛病未必是福。著者在「菜根人生」中有曰「人無小疾大疾不治；國無小難大難必亡。」這是說，人有小病，就會惜珍健康、重視衛生而使免疫力為之增強。國有小難，人民常存憂患意識，就不致在大難臨頭時亂成一團、未戰先亡！

然而，當人們有小疾小病時，不能自恃「本錢雄厚」大而化之，也不能把「人無小疾大疾不治，」扭曲爲「小病不斷、大病無緣。」譬如船艙進水，就要趕緊檢查水自何處來；天花板出現漬痕，必然是屋頂防漏出了問題。如不及時找出癥結、迅速處理，縱無立即危險，大麻煩恐將無可避免！

已故楊森將軍，九十幾歲猶神采奕奕、健步如飛。最後的枕邊人，年齡相差一甲子有奇，卻說：和將軍在一起，從未想到年齡問題。當有人由衷地祝福他「長命百歲」時，他的直覺反應是「格老子（四川口頭語）眞無趣，難道我只能再活幾年？」然而，事實上他沒活到一百歲就撒手塵寰了。原因是他太自信，患了感冒不當回事，等到變成肺炎再住院，已經爲時太遲，就這樣心不甘情不願地提前「凋謝」了！

一般人只把肉體的疼痛視爲疾病，殊不知心、身乃一體兩面。生理的疾患可以影響心神；心理不健康，也能慫生生理上的病痛。長期的緊張、焦慮，會使神經系統失控和消化功能失調。在醫學上所謂精神症候群，往往是體質病變虛弱的前兆，卻極易被大意忽略。有經驗有耐性的內科醫生，愛聽病家的「弦外之音」，中醫的診斷要領是「望、問、聞、切」，都可證明探本溯源的重要性。

其五、勿尋短、不怕死。世人天生命短的不多，絕大多數是自我「尋短」。這裡所謂「尋短」，不是一般的自殺，而是有意無意作踐健康、縮短壽命的意思。像白天上班工作，晚上「通宵打牌」的人，就是名副其實地自我作踐。另一種人恰恰相反，他們不只生活節奏絕對規律化，而且在講求衛生方面，近乎「吹毛求疵」。例如：料理檯上發現一隻小蟑螂，趕緊把全部餐具重洗一遍。餐桌邊緣跑出一隻小螞蟻，登時喉頭發癢，好像螞蟻鑽進食道，嚥下去的食物開始倒胃，非要「一吐爲快」。看到養顏益壽的廣告，就爲藥品義務宣傳。偶而睡眠不足，氣色不佳，就「無病呻吟」到處求診。這種人終日神經兮兮、製造緊張，本來沒病也會生病。此外，虛榮的人善妒，好強的人鬥狠，嗜酒的人豪飲，好色的人狂嫖，貪財的人濫賭，炒作股票的人患得患失。……。諸如此類，都不「自愛」，鐵定短命。上吊、割腕的自殺固然不智，而不想「尋短」卻一味自我摧殘，更是愚不可及。

「不尋短」易懂，「不怕死」乍聞不免困惑。這裡所謂「不怕死」，與「殺身成仁」、「捨身取義」扯不上關係。那麼「不怕死」云乎哉作何解釋？簡單地說，就是「打破生死觀念」。著者一再強調「生命一線、人生如珠。」生與死猶如花開花落，不過是生命的一個循環而已。當有人說，「這孩子很像他爸爸！」研究基因工程學的人，會不禁爲之莞爾，那孩子的生命來自「父精母血」，他傳承了其父的生命基因，流著父母合成的血液，自然不是肖父就是肖母，何足爲奇？

生命一脈相承，每一代都不過是生生不息的重塑和繁衍而已。明乎此，對「生」與「死」的觀念就會有所突破。由封閉主義的生命觀，一變而爲開放主義的生命觀。有了這樣的生命觀，才能領悟宇宙境界的人生觀。

宇宙間的生命，有生必有死；有死必有生。生死循環是自然現象，亦即宇宙法則使然。因此，人人來自自然又回歸自然，有什麼值得恐懼的？至於，一個人的「大限」在那裡，既是先天註定，就不妨效法鄭板橋「難得糊塗」。只要活得健康、活得快樂而且活得有意義，不論大限長短，都已不枉此生了。

本書封面已開宗明義地點出，「你未必能和別人比高，但你確有自己的巓峰。」意思是說：學問、事業、婚姻、壽命，各有各的極限，能達到自己的極限，就應了無遺憾。當然，若純就學術立場，人壽極限仍有深入探討的餘地。假如這世界沒有人活過一五〇歲，但一五〇歲絕不是每個人的生命指標。或許有人會說，當今百歲人瑞已不稀奇，我只求活到一百歲就已滿足，可乎？答案是沒有答案。因爲，每個人的生命極限，先天即已「設定」。

換言之，在呱呱墜地之前，即已註定。天賦基因不同、體質有別，生命力自然亦差別很大，有些人帶著遺傳病灶出生，無論如何保養，也無法改變夭壽的命運，但要確切估測一個人的大限，目前的科學實在無能爲力，充其量只能有個「約數」而已。但無論如何，「大限」是有差異性、比率性，而且是後天努力所無法改變的。善於養生保健，不是爲了突破「大限」，而是儘可能減少內造的折損與外力的壓縮。但即使命途奇暢，到了生命的「終站」（大限臨頭）亦必無疾而終，絕無偶然！

柒、人生成敗的命理觀

世人最大的困惑，是人生成敗順逆，不知究竟操之在誰？這就是爲什麼人類已進入高度文明（或稱知識爆炸時代）的今天，算命、占卜仍有「市場」的緣故。其實，命理學亦爲天人哲學的一種，只是流派蕪雜，且多淪爲玄學巫術，方中術士即針對徬徨困惑者的心理弱點，故弄玄虛，等而下之，更以歛財、騙色爲目的。極限哲學的命理觀，與一般命理學說大異其趣，既不「玄」亦不「巫」，旨在釐清正確的天人關係，爲人生逆旅指點迷津，並爲成敗順逆解析因果。

世俗的通病，總是「跟著感覺走」。自認成功的人會說「命運操之在己。」而失意的人則說「生死由命、富貴在天。」此二者皆言之成理，但俱非眞理。

極限哲學的命理觀是「人生成敗看三運；禍福難卜在七劫。」

何謂「三運」?三運即命運、時運和機運(際遇)。三運中的命運是人生的主運,但若無其餘二運相輔,成功的希望則大打折扣。

「命運」一詞,一般辭典的註解是:吉凶禍福、窮通夭壽,是上天的支配(安排),非人力所能決定和改變。照這樣說,命運並非操之在己。那麼成功的人,否定「命運天註定」,豈不有辱天箴?以著者的研究心得,「命」與「運」是兩回事。「命」是根本,亦即先天賦予的條件。「運」者後天的機會(時勢和際遇)。以江河作譬,江河必有源頭,源遠則流長其理至明,但曲曲折折流經何方,投向何處,這關係自然、地理兩大因素,不是源頭所能控制。

一、命運來自先天造化

語云:命運天註定,半點不由人。如果此語所指的「天註定」,是先天造化的意思,就沒有什麼爭議性了。誠然,每個人的身世背景,生前即已確定,不由選擇、不可抗拒。即如天資秉賦、容貌、體質、膚色、生命力等等,或屬心性或爲生理,皆與遺傳因子有關。但爲何有人得天獨厚,有人樣樣矮人一截?顯然「宿命」也有運數在。再具體一點,孕婦的健康情形、思維志趣、生活習性、人際關係、精神狀態、房事調適、居家環境、經濟情況，以及醫藥、衛生有無不當、營養是否均衡等等，對胎兒的發育成長，均能有所影響。至於在胎教方面，又分內歛的塑造（自然的或刻意的）和外來的影響，對胎兒的性格、性向、意志力，均有程度不同的作用。易言之，天資秉賦、身世背景，是得自先天的定數與變數，從而產生「命格」的運數。可見「命」亦一「運」，而「命運」理所當然地位居「三運」之首。

有人羨慕別人好命；有人自歎生來福薄。不管命運之良窳，有無客觀標準，但既是先天所安排，就沒有什麼好抱怨的。消極地認命固然不智，積極地「改運」亦未必能有著力點，所謂「君子不與命爭」，套用商業用語「將本圖利」應是務實的命運觀。

在「命運」中，個性的份量極重。蘇聯有位大文豪——就曾說過，「性格即命運。」此說似把「命運」簡單化了，但他的確一語道破性格對人生成敗的關鍵性。茲以數位現代暨歷史人物爲例，以資證明。

民國七十七年以還，新聞媒體掀起「翻案風」，其中以孫立人案最受矚目，也最富爭議性。

孫立人將軍，抗日、戡亂均戰功彪炳，練兵、帶兵、用兵（軍事素養），在同一代國軍將領中，無出其右者。至於對國家的忠誠，亦無人不予肯定，而蔣公中正對他的器重，也是盡人皆知。

三十九年風雨飄搖，國家處境危如曡卵，孫將軍由陸軍副總司令兼陸軍訓練司令升任總司令，並兼臺灣防衛總部總司令，職位之顯赫與當局期許之殷切，海內軍民有目共睹。

四十二年孫晉升二級上將，但他一直只佩帶兩顆將星，並發誓只有神州光復才佩三星！壯哉斯言，孰謂不忠？當時高級將領已奉行職期輪調制度，目的在澈底消除軍閥思想，爲整軍建軍，使軍隊國家化邁出關鍵性的一大步。從此，亦不再有所謂「子弟兵」一說，任何軍種、任何部隊均惟兵符是瞻，誰來統帶都是一樣。孫依例連任一次，最高統帥本屬意由他接任參謀總長，但消息傳出，新一軍和第四軍訓班的若干舊屬，即到處串連、人人雀躍，儼然「孫家軍」已成氣候，更有人幻想「一人得道、雞犬升天」。然則這種造勢的舉動，實已犯了軍隊革新的大忌，而孫老總卻又未及時有效制止，於是孫的任命案，便因而起了變化，正式命令發表，孫的新職是總統府參軍長。

至於「兵變」說，至今有人言之鑿鑿，但無論如何，孫無謀反之心毋庸置疑。在陸總任內，孫耿耿於懷者，莫過於有所謂「海軍高陸軍一級、空軍高陸軍二級」。此說是出於薪餉差別待遇。這種不平、不公，最高當局心知肚明，問題是陸軍人數最多，而國庫支絀、捉襟見肘。就如同窮苦人家，資源分配，長子優先，那個性別的孩子多，必然樣樣「吃虧」，所謂手心手背都是肉，父母豈有偏心之理？孫將軍不會不明事理，在提振士氣的心理壓力下，他的情緒反彈是可以理解的，但有時過份率性，不免樹敵，於是謗亦隨之。

孫將軍常與參謀本部意見分歧，陸軍總部盡人皆知。某次蔣中正總統主持軍事會議，因會場氣氛不佳，話不投機，孫一時情緒失控，竟然站起來向總統行個軍禮、逕自退席。事後蔣公僅溫言勸誡、並未予深責。可見蔣公愛才之深，對孫並無成見。

新聞媒體習慣「打鐵趁熱」或「冷飯熱炒」，為了迎合讀者，對熱門人物的描述往往「褒之欲其仙，貶之欲其死」！在「翻案風」盛行之際，以內幕新聞為號召的各種期刊，幾乎呈現一面倒的局面。不但過份渲染「雷（震）案「、「張（學良）案」、「孫（立人）案」，並且或多或少的影射蔣中正總統專制獨裁、「殘害忠良」。

有謂「蔣利用孫拉攏美國」。其實，孫從不媚外，連派在陸總的美軍顧問組，賓主關係也一向各守分際。一說「蔣為照顧黃埔嫡系而排斥孫立人。」這話充其量只是「想當然耳」。自從實施職期調任，不管是什麼系，二年一任，原則上連任止於一次。參謀總長三軍輪任，就是基於平衡原則，總統不能只爲愛護某個人而不顧三軍和諧。至於「功高震主」一說，更是荒謬絕倫。孫固爲良將，但其功勳、器識與聲望何足「震主」？過份的推崇，恐怕連孫將軍自己也不敢領情。

孫的舊部，盛讚將軍以「點閱」「相」才、「神乎其技」。如謂，郝大將（柏村）當年尚爲中級軍官時，被點閱評記爲A＋，後來果然證明此人堪當大任、云云。其實，此乃師法蔣公的習慣，假使孫將軍眞的「獨具隻眼」，就不會把惹禍的部屬視同心腹。孫的舊屬也有人批評他「不按牌理出牌」。他要求國防部，將參大前三名的學員，全部派到陸總，國防部不同意，他就拒絕接受國防部分發的人選。當時任總政戰部主任的經國先生，去陸總拜訪他，他竟要侍從參謀推說不在，讓經國先生在會客室枯坐大半天，這都足夠證明孫將軍人際關係不夠圓融。因此，有人推斷孫案與政工系統脫不了干係。殊不知那時的蔣經國，影響力有限。以實施軍官核階爲例（戡亂期間在戰地「派代」或晉升的軍官，多未報請國防部核發任官令，所以配合整軍建軍，全面辦理補核。）蔣主任被核爲「同中將」（軍中文職，最高只能升到同中將），他也只好忍氣吞聲，（傳說，他曾受過蘇聯正規警官教育，在蘇聯警校視同軍校），後來，還是別人代他提報資料，才得將「同」字拿掉。既然國防部的人事系統，猶可「擺他一道」，總政治部對孫案能起多大作用可想而知。何況蔣經國自知背景特殊，除了份內的事，他一向小心謹慎，絕不涉足派系傾軋。（總政治部事後參預孫案調查是職責所在。）

然則孫將軍於即將就木時，猶聲聲「冤曲」道理何在？社會大衆一頭霧水，監察院「五人小組」，亦未能眞正揭開謎底。但，這其中必有尚未「解密」的內幕。美國前國務卿魯斯克告訴新聞界，他確曾接到孫立人意圖發動兵變的信，應非憑空揑造。只是那封信未必是孫本人所寫，而中共、孫的嫡系部屬、海外第三勢力（反蔣人士），甚至不便明指的國際背景，都不一定有所瓜葛，但也不能完全排除其可能性。回顧越戰末期，越南的袁文紹，是美國扶植的末代軍人總統，但越南敗亡前，竟不敢在總統府會議廳，舉行重要政策會議，原因是總統府會議廳，已被美國情報系統，秘密安置了竊聽器！從這個例子看，背著太陽的地方，什麼事都會發生。以蔣公中正的睿智和氣度，應不致為沒有直接證據的「兵變」，而一直將親手拔擢的愛將軟禁三十多年，這其中隱藏的眞相，終有一天會大白於世！

著者原本無意「冷飯熱炒」，但爲了探討孫將軍軍人生涯的暴起暴落，便無可避免地對孫案的因果有所評述。總之，以他的軍事素養和輝煌戰績，晉身元戎當之無愧，但他鋒芒畢露、剛愎自用，正是自暴其短而削弱所長。儘管「當局者迷」，但冥冥中自有定數。而這定數就是來自性格。

爲證明「孫案」與是否系出黃埔無關，並強調一個人的先天性格與後天修持，對事業成敗關係巨鉅，爰再以黃埔出身的趙琳將軍作爲話題。

山東籍的趙琳將軍，曾是戡亂戰爭，東北「四平街之役」痛殲犯匪的悍將，因負傷住院，蔣夫人還曾親往慰問，對他印象深刻。三十六年東北局勢逆轉，趙率部入關，旋將所屬整編師改爲三十二軍，駐守青島外圍，歸十一綏區劉安祺將軍統轄。

徐蚌會戰國軍兵敗如山倒，整個華北只有青島屹立黃海一隅。三十八年初春，中共企圖拿下青島，乃選擇靈山開啓戰端。但因趙琳制敵機先、指揮若定，是役共軍死傷逾萬、無功而退。於是，趙琳聲名大噪，民心士氣爲之一振。同年五月奉命放棄青島，劉安祺直隸的五十軍撤運來臺，趙軍登陸基隆，旋又奉命增援海南島。當時三十二軍擁有三師一旅，士兵全爲山東大漢。士共馮白駒部盤踞五指山，採取竄擾戰術，偷襲據點、打了就跑，但每次馮部進犯，只要趙琳的吉普車一發動，馮匪就聞風鼠竄，足見趙琳威名之隆，而他用兵能攻擅守，深得孫子奇正之妙。青島撤退之前，他的工兵營，一直在嶗山下的砂子口修建軍用碼頭，中共怎麼研判，都始終認定，國軍一旦撤退，必在該處登船，但實際上第一線國軍，白天向砂子口移動，入夜便迅速轉進市區碼頭，使共軍追撲落空，再掉頭爲時已遲。此之謂「兵不厭詐」，漂亮的撤退比搶灘攻堅猶困難多多。趙琳用兵、愛兵皆可圈可點。可惜他的傲上，較之孫立人更不多讓。在海南防衛司令部的軍事會議上，他每因糧餉不繼而大動肝火，甚至拍桌子厲聲抗議，使薛岳司令官爲之氣結。

也許湊巧趙琳「流年不利」，或是應了「驕者必妄」的哲言。三十二軍教導旅政工處某主任，只帶出來一個未成年的女兒（是年最多十七歲），被某師一位英俊的軍需官引誘成姦。其父憤而告到軍長那裡，趙琳應該批交政工處或軍法處查辦，但他深知士兵對軍需人員素無好感（那時士兵最苦，而軍需人員「靠×吃×」，好軍服他們先穿，薪餉之外，可能還有油水可揩。所以，鄉下女孩子對軍需官都十分愛慕，反之，士兵最是反感）。爲討好士兵，他居然集合部隊，以類似中共「公審」的方式，當衆宣佈×軍官的「罪狀」，然後問士兵們該怎麼處置？士兵即不約而同地大叫「槍斃」！該軍需大呼「軍長饒命」，但片刻間，場外槍聲響起，青年軍需的生命就此結束。

這件轟動戰地草菅人命的陰影尚未消除，又傳出一位國防部的戰地情報人員，被疑為匪諜而遭處決！這下子終於「紙包不住火」，國防部報到總統那裡，總統下令限他剋日返臺。回來之後，就被禁足待審。薛岳縱然無意「落井下石」，也可想像絕對不會說他好話。所幸，黃鎮將軍以他屢建戰功，帶他去見蔣夫人，是蔣夫人幫忙講情，才撤職了事。

黃埔軍魂是「不怕死、不貪財」，趙琳一直奉行不渝。因此，被撤職後，只好以擺香煙攤維生。山東老鄉看在眼中疼在心裡！由於臺北市山東同鄉不在少數，高玉樹的選舉策士，立刻抓住機會請趙助選，周百鍊的市長夢，就如此這般粉碎了！事後國民黨市黨部的人，問趙琳為何身為國民黨員卻幫黨外的高玉樹拉票？趙立即反駁說：「他（指高）畢竟不是共產黨吧？」

依三十二軍的實力，趙琳如果不出事，放棄海南島後，當年臺灣南北兩個軍團司令，趙必為其中之一，而他的事業顛峰也不在劉安祺將軍之下。可惜，人在順境往往不知戒慎，古有明訓「驕兵必敗」、「驕者必妄」，洵屬不誣！

趙琳被撤職，由海南防衛司令部副司令李玉堂兼任三十二軍軍長，海南撤退時，兵員和重裝備損失不貲。如果有趙琳在，會比青島撤退更漂亮。三十八、九年，誰的兵員充足，官位就能確保，李玉堂正喜兵符在握，不意卻因小舅子是匪諜，而被以「知情不報」處決！常言道「天有不測風雲、人有旦夕禍福」，而李玉堂是黃埔系的抗日名將，同樣在劫難逃。由此可見，某些人率爾臆斷孫立人是當局安撫黃埔系的犧牲者，實不值識者一笑。

另一位已故的胡璉將軍，也因過份自負而在軍人生涯中，最後遠遠落在他幾位得力部屬之後，其中一位就是成功地達到個人事業顛峰的高魁元將軍。（從軍職巔峰的參謀總長，獲選入閣擔任文職的國防部長）。

三十八年金門古寧頭大捷，胡璉時任金防部司令官，是役使他中外馳名，但本來就很自負的他，從此更加輕敵。先是冒然進攻南日島鎩羽而歸，繼則突襲東山縣，亦因孤軍深入，無功而退。

平心而論，他對戰地金門的建設，功不可沒。但他從未把陸軍總部和參謀本部放在眼裡。修馬路、建酒廠，與香港「互通有無」，均發揮了高度的自主性。除此，他還主持「

怒潮學校」，該校儼然私立軍校，後被併入鳳山陸軍官校。

最令人不解的，是大敵當前，層峰一再催促他加強防禦工事，他卻置若罔聞。四十七年「八二三」砲戰前夕，我方所獲情報，確知對岸共軍蠢蠢欲動，但他仍如「老僧入定」。蔣中正總統乃親自視察金門，面諭必須爭取時間鞏固陣地、提高戰備。果然不出所料，次日的八月二十三日就正式開打！僅金門本島，一日內落彈不下五萬發！砲聲甫響，國防部長俞大維、胡璉將軍和吉星文、張家驤二位副司令官，正從金防部會議室出來，說時遲、那時快，一顆砲彈呼嘯而來、落地開花，兩位副司令官當場殉職。俞部長和胡璉將軍，雖然大難不死，也充分表現了「泰山崩於前而面不改色」的鎮定。但整體而言，由於各陣地工事脆弱，第一波砲戰，官兵犧牲相當慘重。未久，八吋巨炮，由琉球美軍運送澎湖，還有勞蔣中正總統親往督練、裝船，迅速開往前線，這才扭轉了頹勢，進而大舉反擊，把整個中共的砲兵陣地給掀翻了！

胡將軍才器膽識俱堪重任，從抗日、戡亂到古寧頭大捷，屢建奇功，但他只幹到陸軍副總司令，晚景的落寞可想而知。

在軍中，類似的例子很多。他們之所以無法達到自己事業的巔峰，泰半無關機運、際遇，而是性格問題。反觀曾任國防部副部長的陳守山、郭宗清兩位臺省上將，就皆以沈潛穩健、「後來居上」。可見蔣公中正拔擢人才，素重均衡，何其英明。

以上三人或失敗或受挫，皆性格使然，令史家爲之扼腕。茲再追朔宋史，岳飛「精忠報國」，爲何反爲朝廷所誅，懸首午門示衆？仔細研究，鋒芒畢露招致奸臣妒恨應爲主因。而唐代的郭子儀，便深諳浮沈進退之道。以其功勳，「出將入相」自可當仁不讓，但「功高震主」之謗，就足以招致株連九族之禍！所以，聰明的郭子儀，每次奉召平亂，功成之後迅即歸隱。當時官場想攀附他的頗爲失望，但後世史家則推崇備至。由於他知所進退，不僅榮華富貴得而兼之，且能安享天年、名垂青史。換言之，他之所以比岳飛幸運多多，絕非大唐君側無一小人，而是他擁有一張天賦的「王牌」，那就是識時務的睿智和善於調適的性格。相對地，岳飛在這方面就遜色多了。所以，他贏得威名卻輸掉頭顱！

世說「將相本無種，男兒當自強。」這和勵志格言「有志者事竟成。」同樣犯了過度強調志向的偏頗。

想當年，金門「八二三」砲戰，一位通信連長，因砲彈的震撼而方寸大亂，躲進地堡混身發抖，以致戰訊失控，指揮系統形同癱瘓，砲戰方歇，即以貽誤戎機之罪，遭軍法處決。這位青年軍官，可能缺乏實戰經驗，但比他更年輕的通信兵，卻有人不顧生死，在彈雨火海中查線接線而當選戰鬥英雄！訓練和實戰經驗固然重要，但若天生不是職業軍人的材料，仍不可能單靠養成教育，就能成爲優秀軍官、沙場英雄。

這就如同見到鮮血就心驚肉跳的青年，父母硬是逼他學醫，並且還巴望他有朝一日成爲外科聖手一樣，這何異「打鴨子上架」——強其所難？

五穀播種尚須篩選，何況人乎？文韜武略如諸葛孔明，嚴格地說，他的極限止於謀臣策士，要像劉備那樣做個禮賢下士的英主，恐怕學也學不來。

二、時運有內環外環之分

三運中的「時運」，就像潮漲、潮退，亦如風雲變幻，猶似十字路口的紅綠燈號。巨輪急於進出港，潮汐水紋要顧到。碧波揚帆，要順應風向操舵。運氣好，開車出門，每逢路口都是綠燈；運氣不好，愈想爭取時間，偏偏紅燈連連、欲速不達！

古往今來，不知多少菁英俊傑「恨不逢時」。譬如說，生逢和平盛世，英雄便無用武之地。烽火連年，「經營之神」也只好拎著包袱，遊走「跳蚤市場」。所謂天才加努力不等於成功，就是形勢比人強的緣故。

香港已故航業鉅子包玉剛，抗日戰爭剛結束，以報廢的價格，購進一艘萬噸級自由輪，就憑這艘逾齡商船，不到十年就在國際航運界佔有一席之地。另一位航運鉅子董浩雲，其發跡的過程如出一轍。很多人稱頌他們獨具隻眼、把握契機，才有非凡的成就。然而，如果不是大環境的轉變，那來的契機？此之謂「時勢造英雄」，如時運不濟，縱是曠世奇才，也難登峰造極。

發跡於菲律賓的環亞老闆鄭周敏和出身貧寒的臺籍企業家王永慶，皆因生逢其時而出人頭地。有人說，他們是努力奮鬥的榜樣，也有人捻酸，說王、鄭均係「炒地皮」致富。果眞如此，「炒地皮」也絕非他們的專利。臺灣光復之初，敦化南路梅花戲院一帶的土地，每坪五毛錢乏人問津。到了三十八、九年，仍然便宜得可憐，無論如何，那時的受薪階級，要買「通化六段」一二百坪土地，難說力不從心。爲什麼大家興趣缺缺、裹足不前？而西門町一帶的樓房，日本人臨走時，以三隻雞就可成交，很多人爲何不屑一顧？簡單地說，命也運也。有眼光還得時來運轉，而踩在腳下的黃金，命裡沒有智慧，也會視如糞土！

毛澤東塡寫「沁園春」何其狂傲，但他面對日本人卻坦白承認，如非日本侵華，中共絕難成事。國民政府憑韌性打敗了日本軍閥，而日本軍閥之於赤禍，卻是「無心插柳、柳成蔭。」這是歷史的諷刺，也是中華民族時運不濟有以致之。

儘管時代風向，曾使赤洪沛然莫之能禦。從東歐到南亞，幾乎淹沒半個地球。其奈，「風水輪流轉」，越過九〇年代，共產主義開始大退洪。而且，來時猛去時更快，誰能想像繼德國統一、東歐巨變而蘇聯竟於一夕之間土崩瓦解？

然而，生逢新時代的中國人，時運一直兩極化。臺灣歷劫五十年，終於否極泰來，而中原神州，百年來內憂外患不曾稍間。中共得勢後，大陸更成人間煉獄。當年國共易勢時，許多資本家不信中共會比日本更壞，政府播遷來臺時，他們毫不猶豫地投入中共懷抱。起初中共還假惺惺地稱他們爲「民族資本家」！迨中共掌控全局，隨即顯露猙獰面目，那些所謂「民族資本家」一個個橫遭迫害。鬥爭清算、「掃地出門」猶算幸運，「五馬分屍」、暴骨山野者不知凡幾。但前車之覆，未必會是後車之鑑。民國七十六年政府開放探親，臺灣中小企業就無視風險競相「偷跑」，但大家在中共笑臉攻勢的迷惑下，應該先求解答一個謎題：那就是，爲什麼在中共統治下的中國大陸，四十年來竟未造就半個企業家？

時運是三運中兩大助運之一，而時運又有內環運勢與外環運勢之分，內環運勢，即人運（個人）、家運有其循環性。外環運勢，如國運、天下大勢、時代潮流，亦有其循環軌跡。

中華民國十六年完成北伐，從十六年到二十六年抗日軍興，史稱「黃金十年」。在那十年當中，局部地區雖有剿共戰爭，但中原以南整體建設突飛猛晉，繁榮景象舉世矚目，若非日本發動侵略，中國早已躋入超強之林。而民國十六年以後出生的中國人，亦必爲中國歷史最幸運的一代。但，人運、家運不敵國運，而國運亦必爲天下大勢所支配。因此，「黃金十年」以後出生的大陸同胞，反而飽受歷史空前的劫難，言之令人不勝唏噓。

越戰打了十年，美國出兵五十萬，所耗戰費數以億計，結果竟慘遭「滑鐵盧」，當年美軍的失敗和蘇聯在阿富汗的結局頗爲近似，所不同的是親美的南越亡了，親蘇的阿富汗政權尚在「掙扎」，而蘇聯卻因戰費拖垮經濟，致使共產洪流大消退提前到來。

古今皆以成敗論英雄，越戰失敗，論者謂美國政府劃地自牢，只打「局部戰爭」固爲主因。美軍司令魏莫蘭將軍，一開始就註定要背負敗軍之將的十字架。而當年率領一營官兵，灰頭土臉撤回美國本土的施華茲卡夫中校，二十年後風雲際會，竟在非洲沙漠大出鋒頭（打得伊拉克變成縮頭烏龜）！時運弄人，寧非信而有徵？

在臺灣，醫生一向深受尊敬，有女能爲「先生婆」（臺語），連大舅、小舅（娘家兄弟）也與有榮焉。但最近十年，拜社會繁榮之賜，年輕人出路日多，醫生亦有過剩現象，醫界的光芒大不如前。最近好事者又公佈了一項調查，說從醫者比其他行業的平均壽命短了十歲！這使少女情懷，不禁涼了半截！而原本一心嚮往醫學院的青年學子，也不免開始躊躇徬徨起來。

在中國近代史中，海關人員出過風頭。郵局、銀行曾被稱爲「金飯碗」。六十年代建築師獨領風騷，七十年代都計系冒出頭來，八十年代環保人才漸成天之驕子。最諷刺的要算一向冷門又冷門的俄語系，滿懷文憑主義的無奈進人俄語系的人，竟托俄國門戶開放的機運，搖身一變成爲人才市場的「搶手貨」！可見時來運轉，麻雀也能變鳳凰。

時運分內環外環，但卻並非環環相扣，而是大圈套小圈。簡單地說，內環運勢只能順應外環運勢，而外環運勢則必然壓倒內環運勢。也就是前面所說的人運、家運難敵國運，國運不免又爲時潮大流所衝激。茲再以中華民國的國運爲例，抗日勝利應是否極泰來，但由於共產逆流正值高潮，當時的國運是乍暖還寒，朝野竟將「四強」之一的虛幻，視爲「吉星高照」，撫今思夕寧不擲筆三歎？

三、機運即冥緣際會

在三運中，「命」運雖爲主運，但「時」運不濟亦必有志難伸。縱然「命」、「時」得兼，還須「機」運「臨門一腳」（足賽術語）！

語云：來得早不如來得巧。機運即冥冥中的巧合，有偶然的感覺，也有或然率的成份。人世間，有很多事，失之交臂就機會難再。歷史上有太多成功的人物，皆得「貴人相助」，但受知「貴人」，必是先有機緣。以三國誌的諸葛孔明爲例，他被作者形容爲上通天文、下曉地理，未出茅廬已知天下大勢，但他爲何隱居臥龍崗？顯然是懷才不遇、有志難伸，才自暴自棄遺世隱居。巧的是，劉備的謀臣策士徐庶，是位出名的孝子，曹操擄走其母，迫其母手書徐庶，勸其歸曹。徐庶明知曹操使詐，但拗於孝道，只好入彀。劉備苦留，於是徐庶走馬荐諸葛，並勸劉備放下身段親顧茅廬，禮不過三，必能打動孔明的心。一旦孔明出山，「主公勢將如虎添翼」！後來，劉備三顧茅廬，果然感動了孔明，願助劉備以匡天下。從此，布衣卿相，文韜武略發揮得淋漓盡致，卒使劉備三分天下有其一。

孔明得輔劉備，是徐庶搭的橋，又何嘗不是曹操製造的機會？有此際遇，孔明的一生，才寫下不朽的史詩，並贏得後世謀略家的擊節稱賞！

●

在民國史上，蔣中正之受知於中山先生，李登輝之受知於蔣經國，都極富傳奇色彩，亦皆與時會機運有關。

孫文流亡日本時，經陳其美之引見，蔣中正方得面聆革命方略，並矢志爲革命大業效命。但眞正肝膽相照，始於　國父廣州蒙難，蔣先生隻身南下、冒險赴難。從那時起，　國父決心建立一支國民革命軍，而這個建軍使命非蔣莫屬！

北伐的成功，黃埔軍魂獨領風騷，而蔣中正和中國之命運，從此便結爲一體，起起伏伏超過一甲子。蔣先生爲主義、國家「鞠躬盡瘁、死而後已！」雖然「老兵已凋」，但其反共大業旋即開花結果。史家千秋之筆，慣以「時勢造英雄」論因果，但機運之於成功的人，也許更具關鍵性。

李登輝受知於蔣經國，也有對人玩索的淵「緣」。當蔣經國任行政院長時，農業問題再度浮現。當時農業專家的李登輝，任職農復會，因此，每當討論如何革新農政時，農復會主委蔣彥士，就讓李登輝充分表達意見。這是李氏受知於蔣氏的第一道機緣。李先生學養俱佳，但國語不夠流暢，以其學者風格，缺乏政治歷練，外人很難想像，何以能由技正一躍而爲政務委員？之後，一路順風，由臺北市市長而省主席而元輔，最後竟「登」峰造極。成爲中華民國第六任總統！這個歷程，極富傳奇色彩，但卻一點也不偶然。

人與人之間離不開一個「緣」字，如所謂「情人眼裡出西施。」「有緣千里來相會，無緣對面不相逢。」都已說明了「緣」的奇妙作用。當今青少年結交異性朋友，慣用「來電」以喻緣份，雖然有點「流氣」，倒也十分傳神。

蔣經國特別欣賞敦厚、篤實、有學識、有原則，並且富有使命感的人，而李登輝就在不知不覺中通過這些考驗。

據說，翡翠水庫即將完工之際，發生數名學生在上游戲水溺斃事件。某日清晨，蔣經國總統輕車簡從到水源地巡視，遙見當時的李市長正在為死難學生默默禱告，他未予驚動即繞道而去。毫無疑問，當時的情景，使蔣頗為感動，而李氏澤心仁厚、不騖沽釣的清新風格，正與蔣氏的處世哲學不謀而合。機運也好投緣也罷，縱非冥冥中的巧安排，卻眞不失為「三運」中的「臨門一腳」！

●

淺談李登輝傳奇，再看「郝大將」組閣的曲折，更可佐證機運之可遇不可求。

自從開放黨禁、報禁以來，復興基地出現許多亂象，尤其是政治改革未竟全功，蔣氏就遽然殞落，使政局平添許多變數。雖然元輔扶正尚稱順利，惟社會亂象日甚一日，政府憂心、民衆望治，而中共則島內點火、隔岸煽風，陰謀、陽謀一齊出籠。如果沒有強勢內閣，貫徹國家的意志，則安邦力猶未逮，遑論「和平統一」？

基於李總統的主觀意志與客觀形勢，他在當選第六任總統之後，即提名新閣揆，迅速改組行政院，自是理所當然的事。

然而，在政爭紛擾、反對黨國會「抓狂」、街頭暴力一日數驚的情況下，誰能想像他會「冒險」提名具有軍人背景且有「悍將」之稱的郝柏村出任閣揆？這在當時，的確是個爆炸性的新聞。傳說醞釀過程相當曲折，輿論乃有所謂「治安內閣」一說，而反對「軍人干政」（實爲軍人從政）的學運也丑劇連臺。但事實證明，李登輝的抉擇，確是「獨具隻眼」。早在李爲副總統時，就對郝於參謀總長任內主持的國防科技發展計劃頗爲心折，郝氏不但企圖心旺盛，且具有作風務實、用人惟才、眼光前瞻，以及重視成本效益的現代理念。當然，無可諱言的，沒有安定的社會，即無法確保經濟成長，而經濟力量不僅是外交的籌碼，亦爲另創「政治奇蹟」的磐基和柱石。新內閣的當務之急，便是改善治安、安定人心，因此，在衆多人選中，李總統獨鍾時爲國防部長的郝柏村，實爲一步高棋。事實證明郝內閣果然是撥亂反正的安定力量，其統籌全局的氣勢和展現剛毅果決的魅力，一掃「軍人干政」的雜音，贏得廣大民意的支持。六年國建規模宏偉，只要府院默契良好，政治經濟再創新猷，自是指日可待。而就郝柏村個人而言，時勢、機緣，無疑是更上層樓的重要因素（第二屆立委產生，政局再起變化，郝內閣爲情勢所迫宣告總辭，對其個人而言，是運勢的轉折，幸與不幸，日後方有定論。）

無論王永慶、鄭周敏、李登輝和郝柏村，其事業的成功皆拜「三運」亨通之賜。但很多人在事業上登峰造極，並不表示其他方面也會「吉星高照、一帆風順」，因爲，「人生成敗看三運；禍福未卜在七劫！」何謂「七劫」，還須探索一番。

四、七劫是人生逆旅的絆腳石

何謂「七劫」？七劫即病、災、禍、福、情、慾、魔七種劫難。

北方有諺：人吃五穀雜糧，怎能一輩子不生病。意思是說，除非是不食人間煙火的神仙，才能免於病痛。其實，不光是人，凡有生命，不分動物或植物都會生病。人類愈文明，醫學愈發達，瘟疫病毒也跟著進化。病痛，縱未與生俱來，卻是如影隨形。

疫癘病毒與人類同步進化是有科學根據的，有些「雜交」變種的病毒大有超越人類進化腳步之勢！以最近半世紀的情況觀之，二十至三十年代，淋病、梅毒令人怕怕。三十至四十年代，肺結核「後來居上」。四十年代「談癌色變」。如今癌症的威脅仍在，「愛滋」

又搶先登場！而且，來勢洶洶，大有「通吃」之概。從「愛滋」引起舉世恐慌之時起，短短三年，全球即有數十萬人發病！據世界衛生組織報告，光是泰國一地，到了公元二千年，「愛滋」帶原者就會激增到二〇〇萬至七〇〇萬人，而這些帶原者，隨時會出現在你我身邊，你我卻無從察覺！稍早，衛道之士還相當樂觀地說：「也好，讓ADIS來平衡一下現代人性觀念的過度開放。」豈料「愛滋」就像蘆花一樣的隨風飄颺，牠使所有的親密關係，都得築起一堵無形的牆，而這堵「牆」，卻遠不如當年「柏林圍牆」那麼有效。而且，連拔牙、輸血也都提心吊膽。運氣不好的醫生和護士，一不小心也會感染！

如果說健康是幸福之母，那麼，疾病無疑是幸福的剋星。牠可能是遺傳管道的偷渡者，也可能是「疫防」漏洞的「不速之客」。那些視而不見的小傢伙，既有壓縮人類壽命極限的「潛力」，也有粉碎人生美夢的「魔功」。即使先天體質特優的人，後天也難完全與之絕緣。有人大病不犯、小病不斷。也有人從不生病卻一病不起！可見病爲一劫，且爲人壽的最大「剋因」。

「災」者自然災難之謂。天災能直接奪人性命、使人殘廢，亦能摧毀家園、城鎭和一切硬體建設，使一片繁榮景象，轉瞬變成滿目瘡痍，甚至萬劫不復！其誘發瘟疫、破壞生態平衡的後遺症，更可禍延數代之久！

北美的龍捲風，裙裾過處，人畜、房屋、農作乃至公共設施無一倖免。太平洋的颶風年年肆虐，橫行無阻，所到之處，生命財產任其蹂躪，「上帝」、「眞主」、「其奈我何？」颶風、冰雹、地震、雪崩、洪氾、沙漠風暴、苦旱、淫澇，還有在南半球出現最頻的「蝗災」，整體而言，地球村沒有一處是「免災」的樂土。所有的天災，感覺是突如其來，實際上多是週期性的循環，偶然的例子幾乎是零。儘管人類已憑藉科技長了「翅膀」，「千里眼、順風耳」的神話夢想，也已早就實現，但要對抗天災，還是力不從心。所謂「人定勝天。」云者，只不過是適應力的提升而已。可見人同天爭，永遠不可能成爲眞正贏家。何況，人類的種種劣跡，從未間斷地「助紂爲虐」！

一七五五年萬聖節，里斯本整個城市毀於地震，很多人在教堂禱告中喪生，「上帝」也無可奈何。一九七六年，瑞士地震儀七八級的唐山大地震，一夕之間埋葬了二十五萬人（一說多達七十五萬人），受傷、失蹤和無家可歸者，不下二百萬人。震後廢墟，直到今天仍令前往憑弔的遊客觸目驚心！

一九九〇年六月，伊朗一次七・六級強震，有五萬人喪生。同年七月菲律賓一次七・

七級強震，也有一千七百人喪生。一九七〇年秘魯一次地震就報銷了七萬五千人！地震至今無法準確預測，地震的頻率，每年約有五萬次。七〇年代每年平均有四萬人死於震災，八〇年代亦不相上下。印度和孟加拉年年鬧水災，生命財產毫無保障。一九九〇年五月，印度一次大旋風，就奪走了五百條人命！菲律賓年年要忍受颱風的蹂躪，一九九一年颱風季節已過，賽洛瑪卻又來招「回馬槍」，光是雷伊泰島，就死了六千五百人，失蹤人口超過千人！災後疫癘肆虐，數萬戶人家缺糧無屋，面對大海欲哭無淚！猶憶一九九〇年七月，菲國比那杜坡火山爆發，曾活埋了六百多人，災難連連的菲律賓人，怨歎上蒼對他們太不公平。事實上，自然災害並非獨鍾島國菲律賓。一九九一年夏天，中國大陸的洪汜，從長江到黃河，災區廣達數省，甚至東北遼寧也大鬧水災，災情之重百年僅見，生命財產的損失無法估計。

在北美，龍捲風說來就來。無從預警，裙裾過處房屋、樹木、牲畜、農作蓆捲而去，行進中的汽車捲入雲端然後摔個粉碎，有一年，一個行人被風頭捲上天空，又沿著風尾飄落地面，竟未粉身碎骨，這是罕見的異數，一時傳爲奇蹟。

水災、震災、風災，各種天災未因科技發達而改變「頻率」，「人定勝天」之荒謬不攻自破。或謂，人類不斷破壞自然環境，因而付出更高代價，是自食其果。但若反問，如無人爲破壞，復藉科技之力，能否有效預防或消除自然災害？答案仍是否定的。原因是人類文明在變，自然生態在變，宇宙天體的大環境亦無時無刻不在「動變」之中。於是，小環境與大環境，平衡中有衝突；和諧中有矛盾。就地球村的立場而言，只要地心是活的、大氣永不靜止、太陽系也一直保持運作，自然災害就永遠無可避免，只是「天作孽猶可逭；人作孽不可活。」能記取這個教訓，縱然禍福無常，亦會坦然面對。

所謂「禍劫」即人爲之禍害，如戰禍、車禍、空難以及各種人爲因素的傷害、死難等均屬之。

第二次世界大戰，大半個地球均捲入戰火。中國戰場，從「九一八」事變算起，實際上打了十四年。歐洲地區全面捲入戰爭晚了許多，但若從德國納粹和赤色蘇聯瓜分東歐各小國算起，東西幾乎是同步進入戰雲密佈的黑暗期。大戰結束，共產逆流氾濫成災，民族和宗教衝突、紛爭不斷，恐怖主義橫行，無辜的生命每每成爲代罪羔羊！

戰火中摧毀的家庭、殺戮的人命和直接破壞、間接荼毒所造成的損失與痛苦，簡直難以估算。生逢亂世，多少生命、財產和幸福毀於戰火固然可悲，而無數菁英俊彥的智慧、才華無從發揮，又是何等不幸，這種因果關係，豈是個別命運所能決定和改變？

廣體客機是航空發展的新趨勢，未來的空中巴士不發生空難則已，一旦發生，四、五百條人命會於頃刻間化爲飛灰！一九九〇年不是「機瘟」年，但是年全球死於空難者仍數以百計。哥倫比亞一架波音七〇七客機，在紐約長島墜毀，一次「報銷」七十三條人命，受傷的八十五人，其中半數會終身殘廢！而歷年「禍從天降」的例子也時有所聞。軍機墜落學校有之，輕航機掉落屋頂者有之，誠如諺云「人在家中坐，禍從天上來。」

歷史上最慘的火車車禍，是一九八九年元月，孟加拉兩列滿載上班乘客的火車相撞，當場有四百人喪生，傷者多達三千人！前一年，英國有三列火車追撞，乘客死亡五十人，一百五十餘人受傷。再早的一九八五年九月，葡萄亞有兩列火車相撞，喪失了一百二十條人命，一百五十餘人非傷即殘。

中華民國鐵路當局，於一九九一年初冬，爲鼓勵旅客搭乘火車，乃貼出「搭火車最安全」的宣傳海報，沒幾天苗栗造橋就發生火車相撞事件，死三十人，傷者百餘人。同一年，墨西哥、印度、美國和西歐，也都發生鐵路大車禍，著者走筆至此，西班牙又傳出公路連環大車禍，二十四輛汽車在濃霧中追撞成一堆廢鐵，五十餘人受傷，十五人活活燒死！高速公路原爲便捷而建，但每逢國訂假日，總有一些人「欲速不達」而魂斷「不歸路」。最令人吃驚的是，民國八十年，一年內全臺灣就有四百四十人死於大貨車肇禍，而臺北市平均每月有七人，在穿越馬路時被撞死！

車禍、「機瘟」之外，人爲疏失的火災，亦應列入「禍劫」。都市人口密集，房屋新舊雜陳，電路、瓦斯容器，因使用不當、疏於維修，都有可能發生意外。偶而光顧娛樂場所或到餐館赴宴，說不定也會碰上回祿之災，高高興興出去，卻未必平平安安回來。臺北市著名的海霸王餐廳圓山分店，一九九一年十二月八日晚上，正當各樓杯光釵影、酒酣耳熱之際，地下室冒出濃煙，而餐廳員工惟恐食客一哄而散，營收遭受損失，竟刻意隱瞞，以致疏散逃生誤時，當場燒死四人，近百人或嗆傷或燒傷。消防隊一位年輕隊員，是日參加殉職同事的公祭，還在儀式中以小喇叭奏哀樂，回到隊上就又趕往火場救火，結果亦以身殉，前後不過五小時！旅加學人楊恭志，應國科會之邀，攜眷回國參預林業實驗，十四歲的兒子楊丕弘，本不欲隨父母回國，但父命難違，遂輟學隨行，是日參加爲祖母所辦的慶生宴，就此一火人天永隔。茁壯幼苗、遭此不幸，最是傷痛父母心，局外人也不免聞之鼻酸。據業者宣稱，火災前曾接獲恐嚇電話，但這並不表示必然有人縱火，如果眞的是出於蓄意縱火，那就應屬「魔劫」而非「禍劫」了。

蘇聯解體後，巴爾幹半島若干民族互相廝殺，截至一九九二年底亞美尼亞有四十萬人陷於困境，成千上萬的人死於槍林彈雨。波士尼亞人被塞爾維亞與克羅西亞人包圍攻擊，至少有二萬五千人死亡。散居各小國的庫德族人，沒有一處可以逃命。尹拉克境內的庫德族，已有十八萬人在地球上消失。在蘇丹，政府軍以阻截外援的方式，使傾向叛軍的數十萬人民活活餓死！圖瑞格人流浪到撒哈拉沙漠時，被異族黑人襲擊，有十萬人喪命。斯里蘭卡的分裂主義組織，在與政府軍戰鬥中，打死平民五萬人。索馬利亞七百萬人，有四百萬人斷糧，三分之一的人處於死亡邊緣，每天有五百兒童餓死。最慘的是互相惡鬥的民族，集體強暴對方的婦女以示報復，人類獸性一面暴露無遺！

或許有人質疑，戰爭多為政治野心家所發動，亦即某方蓄意挑起，為何不將之列入「魔劫」？誠然，歷史上大小紛爭皆有禍首，而其發動戰爭之動機與目的，又每每不為世人所接受。但若細翻人類歷史，不難發現整個人類史不啻一部戰爭史。戰爭是殘酷的、破壞的，但它也帶動了人類的文明和進化。因此，戰爭、和平是個動變與平衡問題。但無論如何吾人不能歌頌戰爭。因為，代價太高、痛苦太深切，以故世人稱之謂「戰禍」。而此禍尤爲百禍之最，千千萬萬的生命，生於戰亂、死於戰火，是多麼無辜、何等不幸？

「福劫」者，福多不珍之貽患也。北諺有云：福多招災、福多折壽，洵屬不誣。

昔日人生三願，「多福、多壽、多男子。」今之大衆小衆，對「三願」之末已有調整，至於「福、壽」則永不嫌多。然則，多福爲何竟成一劫，世人不免有所困惑。要爲「福劫」作註腳，恐須先對「福」字有個概念。韓非子說：「全壽富貴之謂福。」通用辭典的註解是「吉祥就是福。」今人物慾強烈，特別重視物質享受而將福的定義泛生活化。世俗的觀念，想吃什麼就有什麼，而且胃納奇佳，是謂口福或食福。愛穿什麼就有能力買到什麼，而且「衣服架子」一流，是謂穿福。擁有如花美眷，是謂艷福。家庭美滿，既富且貴，是不折不扣的幸福。能在繁榮、安定、民主、自由的環境中自由發展，則是全民共享的福祉。然而，凡事過猶不及，得失互見。大凡容易到手的東西不以爲貴。所謂「福多不珍」，幸福就如過眼雲煙、得而復失。例如，爲追求幸福，過份膨脹自己，剝奪了別人的機會和權利，必然樹敵招妒；已經擁有過多的福份不加珍惜，極盡奢靡淫逸之能事，難免頹廢墮落。富而不仁或浪子敗家皆爲「劫數」。

中年以上的人應還記得，民國六十年，臺灣仍有「麵粉教」一說。何謂「麵粉教」？

簡單地說，就是爲領救濟品而「信」教。反過來說，就是教會以發放救濟物資吸引邊際信徒。由海外募來的救濟物質，麵粉是貧戶的最愛，於是有人諷之謂「麵粉教」。這一諷刺，已足反映當年臺灣社會的辛酸面，而在一位工程師茶餘講古中，也透著耐人尋味的往事。某工程師回憶說：二十五年前，他那五歲的長子從幼稚園回來，途中揀到一枚壹角鎳幣，一進門就嚷著說：「爸爸，我發財了！」那時的孩子，身上很少有零用錢，樸滿也多半空空的。孩子揀到一角硬幣，高興得直喊「發財了！」。可是，當時進口的五爪蘋果，要四十元才能買到一個，只有高收入的人家，才能有這「口福」，而高收入戶幾如鳳毛麟角。著者猶記得，四十年前的臺灣農村，老老少少都是「赤腳大仙」，都市的孩子，能有皮鞋穿就覺得十分神氣。國防部長陳履安讀建中時，每天騎一輛二手腳踏車上下學，而他的老爸是當時中華民國的副總統。反觀今天的青少年，穿休閒鞋也非名牌不可（比皮鞋還貴）。年輕人選擇工作，既要薪水高，又要輕鬆、舒服。做父母的，已不再強調勤儉美德，孩子找不到「體面」的工作，乾脆要他待在家裡給父母來「養」，這無異是鼓勵好逸惡勞，讓太多的新生代成爲「溫室小花」！

繁榮富足的背後是人人多病，多種「富貴病」，不是作息不正常所引起，就是「禍從口入」。換句話說，很多病痛是「玩」出來的或「吃」出來的。

「夜貓子」白天上班晚上尋樂，對政府限制酒廊歌榭，營業時間不得超過午夜三時，有人抗議管得太多。成長中的兒童，每天嚼零食的時間比說話還多。於是，成人高血壓高血糖、心臟、肺、臂、脾、胃各病盡出；兒童中超級小胖子到處可見。醫界指出：四十年前國內幾乎沒有兒童肥胖問題，近年來國內超級小胖子，已接近百分之二十。更令人吃驚的是罹患糖尿病的最低年齡只有九歲！這說明了營養不足體質必弱，而營養過剩亦非有「福」。

由於物阜民豐、自由繁榮，大家希望改善環境品質，卻又一昧製造髒亂；希望活得健康快樂，卻又不斷製造污染。希望社會安定，又動輒暴力相向；希望國家安全，又不斷鑿船、打洞！總統府資政（前副總統）謝東閔感慨地說：「這都是吃得太飽的緣故！」言外之意就是「人在福中不知福」，也許還應加上一句，「天作孽猶可逭；人作孽不可活。」福多不「珍」難逃「福劫」，國人豈可不知所惕厲？

「情」字是「七情六慾」最突出的一環，人不能無情，但情愛和性愛糾結起來，處理不好就有個「劫」數在！

「情劫」雖非文明的「產物」，但多元社會，「情劫」早已司空見慣，則是不爭的事實。因爲它是伴隨各種文明病態而來，這就是爲什麼因情自殺、仇殺以及離婚率快速成長的原因所在。以下臚舉若干實例，用資省思和警惕。

情關難渡，「自古多情空餘恨」。讀過「雪鴻淚史」的人，對淒艷纏綿的愛情別有一番感受。不爲佔有沒有情仇，所呈現是放射的交感和淒美的昇華，那種境界縱是一「劫」也足堪艷羨，絕不流入庸俗，更不留半點殘忍的痕跡。看看現代情侶，是如何處理戀愛情結吧！

民國六十幾年，有對學生情侶，在校期間，曾是同窗好友羨妒的對象。大學畢業，男友單獨赴美留學，臨別或許不曾「山盟海誓」，倒也少不了互諾心心相印、此情不愉。但不知何故，情郎一去音訊杳無，日日月月又經年，女方困惑、傷心之餘花渡別枝。兩年後留美男友突然出現，直斥女友不該移情別戀，並爲兩年來行蹤成謎作辯解。但女友既不諒解，也不願墜入三角關係的迷霧中，於是拒絕重拾舊好。那位滿懷憧憬的碩士，自以爲是傷害最深的一方，在最後一次努力，仍無法挽回芳心時，竟將預藏的一罐汽油潑洒點燃，以致燒得舊日女友面目全非！毀了她的容貌、斷了自己的前途，也碎了父母的心！「情劫」啊，代價何其高！諺云：強摘的果子不甜。得不到她就毀了她，豈是一個「愚」字了得？

十年前，中壢某國小有位外表斯文、沉默寡言的男老師，一直暗戀著一位個性爽朗、清純秀麗的女同事。他們偶有約會，仍止於同事之誼。也許男的暗戀之火正熾，表面卻一直工於包裝，予人以「坐懷不亂」、不解風情的刻板印象。及接到女方于歸的喜帖，登時方寸大亂，但外表依舊泠靜如常，好像心如止水，風不興、柳不搖，平靜得了無波紋。女老師出嫁的前一天，到校辦理請假手續，歸途被暗戀的男老師追上，邀她到宿舍小坐，女老師不疑有詐，就欣然偕往。不料這一去，就像闖入「鬼門關」，進得去卻出不來！舉止斯文的教書人，竟然妒火難抑、辣手摧花！「知人知面難知心」，聞者莫不爲之震驚、惋惜！著者因有所感，乃於「菜根人生」中寫道「虎因飢餓才傷人；人爲嫉妬也相殘。」

某機構所做的一項抽樣調查顯示：七成大專生贊成同性戀合法化。這就是說，社會應接受同性戀者，法律也應保障同性婚姻的基本權益。但是，自然造化有一鐵則，那就是一正一反即爲合。孤陰不生、孤陽不長，男女結合，愛情只是誘因，創造繼起的生命才是眞正的意義和目的。螺絲對上螺帽才能鎖在一起，兩枝螺絲碰來撞去；兩個螺帽黏來貼去，既不自然也不切實際。設想同性戀者是如何解決「性」問題，就不難想像有多荒唐和多麼不合天道、人倫了。

在農業社會，也有所謂「雞姦」這回事，但絕無同性戀一說。那是年輕力壯的小夥子「打通鋪」、「睡不著」所發生的即興「雞姦」式性行爲，要不然就是終其一生沒錢討老婆的窮漢子，才會無奈地藉反常的方式解決正常的需要。工業社會雖然流行晚婚，但也同時有所謂「性開放」。無論如何，同性戀不具備客觀的條件，也違背自然法則，它絕對是一種病態，也必然成爲愛滋病毒的主要「媒體」。愛滋病使人活得痛苦、死得難看，最糟的是它防不勝防，常使無辜者受害，死得不清不白。

荒唐的時代必有荒唐的價値觀。同性戀是愛滋的溫床而同性戀者的婚姻觀，毋寧亦爲一種「病毒」，任誰受到這一心理病毒的感染，就必然濫情而「在劫難逃」！

有人奇怪，爲什麼演藝圈的人常鬧自殺？這的確是個殊堪玩索的話題。世人常說，「

人生如戲，戲即人生。」演藝工作者比一般人更「入戲」，因此，其情感的起伏，自然而然地戲劇化了。此外，「人怕出名，豬怕肥。」這句諺語，在名演員身上，似乎也起了一定的作用。不管什麼人，只要成爲公衆人物，就會常爲物外的投射而患得患失。名演員有絢爛的一面，也有寂寞的一面。當他們渴望眞實的愛情時，更怕疏離虛幻的掌聲。陶醉、麻木；繽紛、飄零。矛盾的心態，衍生了不確定的性格，一旦面對陰霾，就比常人更易迷惘。

三十年前當紅的樂蒂，是爲情所困而自殺。林黛駕馭不了花花公子龍五，開煤氣詐死成眞，同時爲「人生如戲」作了驗證。晚近，演藝圈鬧情變、走絕路的不在少數，由於五花八門的社會新聞，使人眼花撩亂，又有誰會對自殺神經過敏？

爲情自殺女人居多，有勇氣面對婚姻困境的人，會以離婚求解脫。但糟糕的是那些領略失敗教訓的人，不會變得更聰明。婚姻枷鎖解脫了，生計的挑戰或寂寞空虛的無奈，會使脆弱的心靈不堪一擊。追尋第二春盲點多多，任由歲月蹉跎，何異慢性自殺？「飢不擇食」，也可能應了「前門拒虎，後門揖狼」那句話！情啊情，就像一把火。人們只貪它的光和熱，但，縱未存心「玩火」，也並不保證絕對不會「惹火燒身」！

佳餚盛饌誰不垂涎？美色當前誰不動心？功名利祿誰不嚮往？慾望本是生命的活塞、進化的動力，爲什麼又稱一劫？問題就在「縱慾」、「淫慾」，脫韁之馬必然闖禍。

「爭名日夜奔，攘利東西鶩。」在當今的功利社會，只有「五十步笑百步」的差別。澹泊明志，不忮不求太過消極，這和「經濟奇蹟」很不搭調。持平而論，有競逐的誘因，才能表現進取活力。但，怕就怕慾望三級跳。如果逐臭成癡進而強取豪奪；見獵心喜不惜作奸犯科。試想，路都走絕了，「慾劫」還會遠嗎？

四十年前，「飽暖思淫慾；飢寒起盜心。」仍不失爲絕對的眞理。六十年代垮掉一半，七十年代以還，「飽暖思淫慾」，已經膨脹到「只要我喜歡，有什麼不可以」的地步！

從近年各種刑案的統計分析，竊盜案仍居榜首，而擄人勒贖、恐嚇取財、販槍販毒、賭「六合彩」和各種型態的經濟犯罪，更是「並駕齊驅」、「互別苗頭」。犯罪率和破案率比賽成長；媒體針對讀者的感官猛加調味料。有心人士面對「臺灣錢淹腳目」和「鐵窗文化」的矛盾現象，也只有百般無奈地痲木了！著者在「菜根人生」中寫道，「有蟲未必先腐；物腐一定生蟲。」我們的社會已腐化到可怕的程度，「生蟲」是必然的結果。

以台北爲例，燈紅酒綠夜夜都是誘惑；聲色犬馬處處隱藏「錢坑」。「夜貓子」吃喝玩樂、通宵達旦；暴發戶聞香逐臭、放浪形骸。受薪階級能有多少收入足夠梍注？紈褲子弟又有多少家財任其揮霍？「淫慾」猶如無底洞，「人比人又氣死人」。於是，智慧型、暴力型各種犯罪模式應運而生。有人不惜以身試法，廉恥道喪又何足掛齒？

擁擠的都市，「慾望街車」滿地跑。讀聖賢書所爲何事？犯罪榜上霍然有飽學之士！一胡姓碩士，有一流頭腦，卻無一流的志操。「人無偏財不富；馬無夜草不肥。」這話使他中毒太深，爲了「速發」，居然主謀擄人勒贖、連幹三票。但他何以不知「夜路走多了終會碰上鬼」？也許食髓知味、欲罷不能，他們一夥綁架了吳姓企業主，勒贖金額高達一億元，賭命的結果，輸掉「老本」只換得三顆子彈，不亦悲乎？

古代看病的大夫，以「懸壺濟世」爲職志，現代醫生多以致富爲從業旨趣。出發點有偏差，行爲模式自易走樣。某公立醫院，有位剛出道的醫生，不夠資格收「臭包」，乾脆兼差「午夜牛郎」。不料初試「身手」，就被警察臨檢抓個正著，第二天眞姓實名就上了報。這個代價可眞不小，醜聞如影隨形，污點一輩子也洗不掉，隨著社會地位的提升，「

扒糞」的陰影永遠揮之不去，連帶地醫界的朋友也與有「恥」焉！

另一個客串「午夜牛郎」的大學生，在被捕後供稱：他每天「應召」二、三次，早晨必吃五粒生雞蛋，以補充透支的精力。其實，透支的何止是精力，隨著年齡、社會地位的成長，「負債」會以倍數「加碼」。果如此，誠可謂「萬劫不復」！

美國有兩位家喻戶曉的電視佈道家，其中一位的佈道影集，曾在臺視連續播出。他在臺上舉手投足之間都有磁感，臺下無數心靈，隨著他的表情起伏，甚至感動得淚流滿面。但這兩位名佈道家，後來被人舉發，都是騙色斂財的神棍！從此，二人銷聲匿跡，恐怕永難「鹹魚翻身」。有人不禁要問，神職人員怎麼會有醜聞？其實要找答案不難，因爲他們也是人，是人就有人慾，當他紅透了半片天時，就會恃寵而妄，把人性的弱點暴露無遺。這在他們本身是「慾劫」，而對受愚受害的信徒們則是「魔劫」。如果人在得意時能「自反而縮」，就不致魔由心生，只可惜世風日下人心似水，不「下流」難矣哉！

另一則神職愚人的故事，發生在一九九一年的冬天。歐洲某地有座鄉村小教堂，在大雪紛飛下，三百人擠在斗室內祈禱。有人在禱告中昏眩嘔吐，一會兒似乎全都受到感染。

證道的牧師說：「不要緊張，是主在顯聖，一會兒就好了。」不久，大家安靜了，聖詩也停唱了，包括牧師在內，三百人全都死於瓦斯中毒！該教堂往年冬天，也曾發生禱告中頭暈嘔吐的事，只是未曾死人，所以大家都相信牧師眞的「通靈」。那牧師刻意愚人自愚，以致造成集體中毒死亡的悲劇。分析其心態，不外私慾作祟，旨在塑造神職「通靈」的假象而已。

以言「魔劫」，實例之多罄竹難書。因一念之貪而受騙上當或遭人構陷、官司纏身有之，經不起女色的誘惑而落入「仙人跳」的圈套，也屢聞不鮮，都是不折不扣的魔劫！

臺北市的西門鬧區，日據時代爲一亂葬崗，光復後數十年未聞鬧鬼，但龍蛇雜處已成罪惡淵藪。黑社會操縱「落翅仔」，會在熙來攘往的人群中，物色「乾洗」對象。金光黨那套老掉牙的「劇本」和「拙劣」的「演技」照樣靈光。販毒份子巧施「以毒養毒」的策略，使入彀的少年甘爲銷毒「細胞」而難以自拔。各類色情黃牛公然當街攬客、軟硬兼施。曲徑幽巷固然「魔影幢幢」；通衢步道亦不免「步步驚魂」！不過涉足險地，只要「心防」堅實尚可免於一劫。茲舉中外數例，堪稱典型的「在劫難逃」！

臺灣有位辜姓青年，相貌英俊、舉止瀟洒，書也讀得不錯。民國六十幾年他經由「托福」，進入美國一所大學的研究所。指導教授非常欣賞這位東方學子，不但課業上傾囊相授，生活上也特別照顧。師恩浩蕩，宛如「作之親、作之友」，使這位負笈異邦的遊子，不禁感激涕零。乃於書簽寫道「生我者父母，育我者國家，成我者恩師。」

不料，有一天師生對酌，二人酒酣耳熱之際，那位恩師竟把手臂搭在辜生肩膀上，俯耳低語：「我愛你！」辜生初則爲之一驚，繼則心想大概老師不勝酒量、才如此失態，遂恢復鎮定，將恩師扶上沙發落坐。但幾近花甲的老師酒後吐眞言。他說：「我第一次見到你，就六神無主的愛上你，你一定很吃驚，說我藉酒裝瘋。其實，同性相愛早已廣被接受，你們東方人也有『跟風』之勢。現在請你聽著：我一直未婚，膝下無子，除了這棟房子，還有三百萬存款，如果你願意每週和我上床一次。」他清了清喉嚨接著說：「我的意思是，你只要每週給我一次機會，我的財產、定存，全部歸你繼承。怎麼樣？條件不壞吧！」辜生這時才恍然大悟，原來這位洋教授有著斷袖癖！他別無選擇，只有起身告退。然而，老教授一把抓住他，乾脆毛手毛腳起來！辜生忍無可忍，奮臂回敬老教授一個清脆的耳光。這一掌打醒了教授的癡迷，也毀掉了辜某的一生！

辜生的碩士論文通不過，一再轉校，但那「曾對指導教授施暴」的紀錄也如影隨形地跟著轉移。最後辜生瘋了，一個滿懷憧憬、抱負的青年，從此斷送了一切。並且，成為家族永久的「包袱」！

民國八十年的初冬，一件黑道私運軍火案，牽出一則魔劫內幕。某軍團所屬單位，有位少校軍械官，由軍械庫一位義務役士官的引介，結識某酒店老闆，從此，每次造訪，酒店均待以上賓之禮，使某少校簡直受寵若驚。當彼此漸成莫逆之時，酒店老闆便單刀直入地表示有求於他。說是要向仇家討回「公道」，手下「火力」不足，請他看在知交的份上，借用幾件兵器。某少校起初不敢答應，但那老闆動之以「情」、曉之以「義」並授之以「計」。於是，少校和士官聯手盜取庫存械彈，神不知鬼不覺，槍械彈藥就派上了用場。然而，槍枝出庫容易，要永不見光則難。案發後，某少校丟官下獄，方悟天下沒有白吃的酒肉，而惑於「江湖義氣」，竟要付出這麼高的代價，怎不令人為之唏噓惋歎！

民國八十年十二月二十一日，臺灣某大學國貿系學生近三百人，集體向學校當局抗議：

某教授藉教授巫術斂財，有違師道尊嚴。據傳媒報導，那位不務正業的教授，是教大三、大四經濟和國貿必修課。但他在課堂上，竟公然大談相命術，更時常邀約學生，到其寓所個別算命。這項課外「服務」不僅收費，而且，並非「姜太公釣魚」——願者上鉤。說穿了，就是強迫式斂財，如果某生膽敢拂逆夫子的「美意」，就有被「當」（課業重修）的危險。這年頭「馬無夜草不肥；人無外財不富。」幾乎人人奉爲圭臬。然而，藉玄、巫之術向學生斂財，有損師道校譽，寧非財迷心竅、斯文掃地？這類無品無格的人，竟能見容於杏壇，難怪我們的大學生一代不如一代。「軍人從政」，扭曲爲「軍人干政」，熱中政治訴求的學生，竟在中正紀念堂廣場大唱「國際歌」，學運「小蜜蜂」則到處噴漆。某國立大學一個學生社團，由一名研究生帶頭，八名男女社團成員，居然爲了「愛現」而幹起盜墓的勾當！其中一名參預盜墓的學生還輕鬆的自白說：「只怪我們太貪玩了」！這也難怪，有怎樣的「夫子」就有怎樣的「學子」。不過，嚴格地說，外魔不足畏，若是心中有魔，那就必然「在劫難逃」。前面說過一位青年「有爲」的碩士，竟是擄人勒贖的主謀，在八十一年二月的某個淩晨，行刑的槍聲響起，生命、前途和父母望子成龍的苦心，一起畫下休止符！這個案例，就是典型的「心魔」作祟。因爲在他的觀念中，「速食時代」只靠勤儉不能發家，而無虞匱乏的境界，與其「慾望三級跳」的生涯標竿，簡直相去十萬八千里！

美國槍枝氾濫，如要立法限制私人擁有槍枝，反對的聲浪必然掩沒贊同的聲音。但擁槍自衛的正常人，永遠不會先開第一槍。因此，有槍未必就能自保，而不具玩眞槍資格的兒童少年，更迭次成爲暴徒的活靶！

一九九一年初，有一名年輕人，無緣無故闖進校園，向正在上課的師生舉槍掃射，全班學生非死即傷。而一個名叫盧剛的大陸留美學生，剛取得愛阿華大學物理博士學位，在衆多負笈海外的東方遊子中，可謂苦盡甘來，美景當前。但他卻在一個校園研討會參加旁聽時，突然掏出手槍胡亂射擊，以致造成學生、指導教授、系主任和副校長四死二傷的慘劇！能夠取得博士學位，誰能說他心理不健康？如果找不出合理的答案，這種暴行毋乃是「美國經驗」的附加價值吧？

在巴西更有一個殺人魔要締造世界紀錄！一九九一年十二月，名叫狄安德拉得的美國男子，在被捕時供稱：他從四月到十二月，共殺了十四名兒童，還喝了兩個兒童的血！他在空曠的足球場上，勒昏一名兒童，然後加以強暴再鋸下他的頭，「好讓他到天堂後，別的孩子會捉弄他。」這個殺人魔，顯然患有幻想式暴力狂，他在警局供出全部罪行後，還一再詢問警官，世界上曾否有過這樣的紀錄？但他的鄰人卻說，印象中他是個很正常的青年，有位上班婦女，常把三歲幼兒請他照顧，眞是人心難測！

在人慾橫流、物慾三級跳的功利社會，「人心惟危、道心惟微。」因此「飢寒起盜心」的說法，已經不切實際，「飽暖思淫慾」才是魔劫的淵藪。

張×聖從軍中退伍，由於缺乏民間專長，一直無法就業。後來還是經由一位漁船船長的哥哥相助，才獲得雇用做了船員，沒料到他竟恩將仇報，綁架林姓船長的幼子勒贖，要林船長備妥一百五十萬贖金才會讓小肉票活著回家。張犯落網後供說：當船員薪水不高，他爲了過個好年，才動腦筋綁架！

從空中飛來臺灣的「反共義士」，在臺灣經濟剛剛起飛的年代，成爲不少待嫁女子心目中的「金龜婿」。有人嫁作「義士」婦，是眞心「匹配良緣」，也有人主動獻媚，卻不止於虛榮、拜金。吳榮根與一劉姓女子的愛情故事，就戲劇化的演變成「陰謀論」。當吳、劉感情「歸零」時，劉家聲稱「握有兩捲敏感而爆炸性的錄音帶」，吳得付出三千萬元的代價才能收回！原來是在兩岸尙未交流時，吳曾採納劉女之姐的建議，買了三萬美金和一些金飾，請她經由美國轉往大陸之便，對他爹娘表示一點孝心。當時若被公開，吳榮根的孝心，不啻又爲父母丟下一枚「炸彈」！吳榮根涉世不深，如非輿論幫他和兩岸關係改變，其結果眞不知將伊于胡底！當然，這件事有被外界扭曲渲染的可能，若果眞是一方心術不正、早有預謀，那麼故事本身就是不折不扣的魔劫「外傳」。

●

國際恐怖組織爲種族仇恨或某種政治目的，殺人就像踐踏蟑螂。一九八五一年內就殺害六百多人，被擄爲人質的代罪羔羊更時有所聞。在民航機放炸彈是他們慣用的恐怖手段，一架泛美客機，在蘇格蘭上空爆炸失事，機上二百七十人全部罹難！後來美英情報機關查明是兩名利比亞人幹的。利比亞強人格達費爲此恐怖事件，惹來一身腥，聯合國大會通過要格達費交出兩名恐怖份子，由英美法院審判，不論結果如何，恐怖活動不會從此絕跡。

相反地隨著地球村人口密度的增加和國際社會的爾虞我詐，更將層出不窮。

臺北市有名張姓男子，曾有搶劫、傷害、竊盜、妨害自由、恐嚇等前科。雖然一身是罪，但犯罪紀錄不會貼在臉上。三十九歲的「帥哥」，和涉世未深的女子交往，可謂無往不利。

有位周姓餐廳女侍，被他騙至住處強暴，然後拍下裸照，要她付出一百八十萬元遮羞費，否則就公開醜聞，周女先後給了他九十萬，張某仍不罷手，以致迫她憤而報警。經警方查對電腦資料；發現他前科累累，至於被強暴勒索自認倒霉的受害者，據研判尚有多人。女人珍惜名節，使奸人抓到弱點，但「夜路走多了終會碰到鬼。」這個「鬼」就是降魔的法網！

老一代的人，對因果報應深信不疑，今日社會，「好心必有好報」的迴應是「不見得吧！」事實上的確如此，如果陌路人向你求助，還眞得先經大腦的智慧運作，再決定是否伸出援手。否則，好心招來「狼吻」，可就噬臍不及了！

一九九一年尾，美國一位好心人士，就因幫助別人而送掉性命！山路上有輛汽車「抛錨」，開車的人向行人招手求助。那位趕來幫忙的人，幫他將車修好，卻被當場回報一槍！警車追逐了二百四十公里將他逮住，他供稱只因「心情不好」！

同年，在臺灣也發生一件類似的刑案。一位女子在駕車經過郊區時，遠遠見人揮手，她踩了煞車，看清對方因車子故障被困，於是決定載他一程。沒想到那個男子，一上車就露出猙獰的面目，喝令她將車開入山區予以強暴，然後推她下車，「呼」地一聲絕塵而去！

新竹市連續發生無數起縱火案，最慘的一次，是一九九一的年終歲末，該市南門醫院護士宿舍，一火燒死六條人命，燒傷二十多人！警方積極佈線偵查，終於在一週內破案。原來縱火犯是個十七歲少年，他也是只因「心情不好」就到處縱火。據說，這個少年「精神不太正常」，沒錯「正常」人不會以縱火爲樂。當他看報得悉燒死很多人，就開始惡夢連連，食不甘味，可見他並非是個精神病患。

前面說過，金光黨抓住人心喜「貪」的弱點，老掉牙的騙術照樣靈光。不過，發生在民國七十九年七月間的一宗金光黨詐騙案，其詐術則是花樣翻新的高招，自稱名叫田文旦的男子，向名叫阿琴的婦女誇稱，她的財富多達六億多臺幣，但獨居寂寞，請阿琴媒介適當伴侶，他會回報三千八百萬！阿琴聞言一驚，三千八百萬酬謝媒人，天下那有這等好事？但她轉念一想，田某有六億多財富，三千八百萬也不過是個尾數，如果放棄這個機會，恐將遺憾終生。於是她滿心喜悅地點了頭。田某趁她財迷心竅之際，誑稱身邊未帶現金，請她暫借十六萬應急，並囑她去銀行另行開戶，以便將三千八百萬先行存入以示誠信。阿琴迷迷糊糊入彀，跟著騙徒團團轉。存摺經過田某一番手腳，果然使阿琴眼睛一亮，竊喜「財神上門，推都推不掉。」次日，委由鄰居前往銀行代提三百萬現金，銀行當即拆穿存款數字出於僞造。於是，阿琴被騙損失十六萬，又得吃上僞造文書意圖詐騙的官司。此時再找田某，早已無影無跡。悔恨之餘，只有自責心中有魔，才會誤入金光騙徒的圈套。

人愈聰明愈壞，「知識爆炸」道德隨之決堤；社會愈繁華，人心愈貪得無厭。農業社會，豐衣足食就是福，有所謂「飢寒起盜心」，不是熬不過凍餒，犯不上作賊。今日臺灣，外國人說是創造了「經濟奇蹟」，而國人也自謔「臺灣錢淹腳目（臺語）」。但打開報紙，犯罪新聞「五花八門」、文字標題「觸目驚心」。任你警探幹練媲美福爾摩斯，只可惜道高一尺魔高一丈。犯罪率和破案率同步成長，社會縱不吝給警方掌聲，然而，領先「指標」總是站在罪惡的一邊。

從前有所謂「盜亦有盜」。今日的敗類，幾乎全無人性。桃園大溪破獲一宗販毒案，四名青澀少年被毒梟引誘吸毒，然後迫使「銷毒」，其中三名因「老大」不滿他們「送貨」不力，竟迫使「斷指請罪」！

●

古今最深最廣的魔劫，莫過於中國的赤禍。共產主義雖爲名副其實的「意識瘟疫」，但馬克斯未及著手實行，列寧、史達林和毛澤東才是共產浩劫的三大罪魁。毛澤東「青出於藍」，摧毀了中國故有的文化，劫掠了全民的資產，剝奪了十億人的自由。策動「大躍進」、「文化大革命」和「三反五反」，製造了史無前例的政治災難。直接殺戮的善良百姓超過六千萬，受暴政摧殘、桎梏，基本人權被完全剝奪者，是共酋、共幹以外的全部！毛澤東不服「秦皇漢武」，事實上他所締造的暴政紀錄，確實獨領風騷，前無古人後無來者。不過，一個宛如舊制「專區」大小的彈丸之島——臺灣，毛記集團竟始終無法染指，這該是毛澤東最大的遺憾吧！而臺灣一再成為外侮的祭品，如今終於吉星高照，成為名副其地的「寶島」，也是「三運」亨通的造化，朝野軍民能不知福惜福？

魔劫實例，曲不勝數。但，發生在一九九二年元月一則新聞，令德國人既感慨又惋惜，而中國人則不禁為之莞薾。

一九九一年五月，德國經濟合作部一位名叫藍格的高級官員，啣命訪問中國大陸。電視新聞出現他與李鵬擁抱的畫面，使柯爾政府極為尷尬。因為，李鵬被公認是「六四」血腥鎮壓的頭號屠夫，德國官員和屠夫擁抱，輿論韃伐之聲此起彼落，於是藍格被迫丟官。藍格向新聞界辯稱：他在中國大陸曾強調尊重人權，誰想到李鵬出其不意地擁抱了他，使他反應不及未能避開。新聞界形容這是「死亡擁抱」，著者則認為是戲劇化的魔劫。藍格「在劫難逃」令人扼腕，消息傳開，對中共和李鵬也真夠諷刺！

捌、結語

人，生而平等，是指基本人權而言。以命理的觀點，人的極限先天造化各殊，就像山山有峰高低不一，強要齊頭平等，既無可能亦不公平。是以，每個人所要追求的，應是自己的巔峰。超越自己的極限，不僅力不從心、挫折連連，甚至還有招災惹禍之虞！

極限哲學的生命觀，完全否定生死的分界，肯定萬物同源、適者永生。易言之，在宇宙法則的規範下，誰是適者，誰就保有生存權。而且，這一權利是永恆的。（人類是適者，蟑螂、老鼠也是適者，雞鴨牛羊是半個適者，牠們必須爲人類的營養補給犧牲奉獻，才能換得繁衍綿延、生生不息的機會。獅子老虎雖然威猛，但卻絕對不是適者。）就適者言，生與死宛如花開花落的循環而已。有了宏觀的生命認知，必能建立宇宙境界的人生觀。於是，心理的障蔽也就一掃而空。

不把個體的生命看得太重，進而廓清人生觀的盲點，便能掌握人生的積極面，使人類在進化過程中，付出較低的代價，獲致最高的效益。本乎此一理念，求學就業要各走各路。不隨波逐流，不好高騖遠；各展所長，各取所需。讓天份出頭，生命自然亮麗，人生自然充實。

時下一般青年，好逸惡勞，比家境不比志氣，實爲社會一大隱憂。從前的人家境清寒，知道克苦勤儉、發奮向上。現在的年輕人，如果家庭不如別人富有，就會抱怨父母。殊不知人窮志又短，才是最大的悲哀！

以天道循環而言，別人富有，是先人背負數代的苦難換來的；自家不如人，是前代透支了後代的「福份」。貧富貴賤的循環交替不出數世，所以，從前閥閱之家，會在門眉上掛個「五世其昌」的橫匾，足證五代興盛的確不易。

命運註定輪到這代吃苦，抱怨於事無補。如果，外環運勢絕佳，小康局面不難維持。苟怨天尤人，自暴自棄，這代受苦，下一循環週期還會拉長，後代子孫便更有理由抱怨了。

傳說，有人常藉詞向企業家王永慶伸手。認爲王家發跡，是拜客觀環境之賜，施惠於他等於回饋社會。王永慶告訴他：你不要以爲我今天很有錢，遲早我的子孫會把財富全部還給社會。姑不論傳說是否屬實，但王氏確有「富不過三代」的認知和警惕倒是不假。

其實，人生的幸與不幸何止身世一端，舉凡天資、秉性、容貌、體質等等，各居宿命中一個運數。當人們看到缺手的人，以口銜筆習畫、以腳夾筆勤練書法。盲啞和失聰的人，努力克服視聽和語言的障礙、一心向學。不良於行的人，坐著輪椅，不忘爭取工作權。那麼，四肢發達、心智正常的人，卻有太多的不平與怨恨，豈不應遭天譴？

常識告訴吾人，男性的精子與女性卵子相結合才能受孕，這是「造人」的原始程序。但是，一般人鮮知，男人一次射精，精液中有多達三至九億個精子，卻只有一個機會。換言之，只有一個精子有擁抱卵子的機會！

可是，如果夫妻刻意避孕或是卵子未出現，那麼，精子群爭先恐後仍是空忙一場。即使某一精子有幸擁抱卵子，苟因墮胎、流產或服藥不當而胎死腹中，小生命便與人世絕緣。可見，能夠誤打亂闖來到人世，是多麼不易、多麼幸運！有這樣的認知，就會心平氣和的面對人生、感謝父母，並發爲積極進取的精神，接受學業的競爭和工作的挑戰！不頹喪過去、不屈服現實、不畏懼將來，成就大小均可仰俯無愧。

婚姻美滿爲幸福之鑰，戀愛擇偶切忌「求全」，更要有自知之明。譬如美食，標價最貴的或包裝光鮮的，不一定是最好的，既營養又合乎口味才是上品。易言之，婚前互相心儀、氣味相投；婚後琴瑟調合、剛柔互補，白頭偕老才有可能。至於追求天壽，應諳養生之道，而「養生」不在刻意「進補」，常使「小千世界」有如「黎明清境」，就會頭頂藍天、心向光明。除了注重心理建設，講求營養均衡，常藉適切的運動和正當的休閒娛樂以鍛鍊體能、充沛活力，並對醫藥衛生有概念，亦不諱疾忌醫，皆爲健康益壽所應然。雖然克盡人事，未必即能成全天年，但至少主觀條件不由客觀決定，自我作踐的諷刺也就不能成立。

「三運亨通」，始於「天命」成於時勢、際遇。「七劫」則宿命的定數居微，「時」、「機」的變數較大。表象上看偶然成份居多，實際上「動」、「靜」之間容有蛛絲馬跡可循。誠如所謂「有蟲未必先腐；物腐一定生蟲。」只是世人多「心盲」，往往危機環伺、視而不見！

「人生如戲、人人演自己；戲即人生、人人看自己。」（見「菜根人生」），音容笑貌各有表情；五官指紋同中有異，不管地球村如何人口「爆炸」，每個人都頭頂一片天，各類角色都有立足點。沒有醜何來美？沒有失敗，成功的意義是什麼？未嚐辛酸苦澀，那幸福甜蜜的滋味又如何體會？從進化的觀點看，「人渣」也是「資源」。不過，假定壞人與好人的平衡配比是一比一千，那麼，超越這個比率，必然透支進化成本，增加社會負債。換言之，就是讓更多的好人，承受毫無意義的不幸和痛苦。因此，如非天生「壞胚子」，每個人都無權自甘墮落或過份自我膨脹。

極限哲學不尚神鬼論，但卻肯定正統宗教淨化人心的社會功能。猶有進者，崇神不違仁愛，「神道」即人道，肯付出愛心、宏揚道德，才能修得「正果」。而這個「正果」，縱未「現世報」，也必然「報」在後世，（無所謂來世）。「鐵窗文化」原是防人，未聞防鬼，可見崇神有道、怕鬼無理。人類最大的天敵竟是人類自己，說來眞夠諷刺，但世人必須承認，人類進化的基本動力，正是來自人類智慧的激盪和爾虞我詐的無情競爭。

無論如何，人，生來腳掌向前，不容躊躇逡巡。眼睛要看得遠，腳步要踏得穩。且請讀者謹記：你未必能和別人比高，但你確有自己的巓峰。單項接近自己的極限就是成功；四願皆達自己的巓峰，更是完滿的人生！

附錄(一)

玖、命相·風水·姓名學·占星預言面面觀

鄭德峻
呂大朋

現任福建省政府研究委員的鄭德峻教授，在大學任教時講授微積分，但對天人哲學興趣亦濃，常藉茶敘與著者交換心得，樂在其中。所記談片，去蕪存菁、概念清晰，特予附錄，以供讀者參考。（著者按）

人生四願各有巔峰

▲鄭：西諺「人要知道自己的極限。」這話的主要涵義是凡事量力而爲，不可自我膨脹。請問：即將出書的「極限哲學」，是否來自此語的啓發？

◎呂：然，但極限哲學有其宏觀性，基本上它是宇宙觀的人生哲學，也可說是天人哲學的一種。

▲鄭：換句話說，極限哲學，也就是宇宙境界的人生觀囉？那麼套句攝影術語，總該有個「焦點」吧！

◎呂：當然。現代人所追求的人生目標，不外學問、事業（含財富）、婚姻（家庭幸福）和健康長壽四端。我在「追求極限」手稿中，開宗明義地指出，「學問、事業、婚姻、壽命。你未必能和別人比高，但你確有自己的巔峰！」

▲鄭：這段話對人生各自的境界，堪稱一語道破。但人生極限與宇宙哲學有何關連、願聞其詳？

◎呂：

人類生存於宇宙的大環境，怎能不受宇宙法則的支配？是以宇宙哲學可謂極限哲學之母。從宇宙宏觀爲人類定位，再透過宇宙法則，爲人生導引方向，人生旅程應會比較順暢。至少，爲何迂迴曲折又在原地踏步，也能找出原因，說出道理。如果歲月蹉跎、不算太遲，還可確定方向、重新起步！

命運不全操之在己

▲鄭：成功的人說「命運操之在己。」失敗的人說「命運天註定。」您在書中想必會有新的詮釋？

◎呂：我會明白指出，兩者都有道理，但皆「半生不熟」。首先，我要批判後者，如果「命運（幸與不幸）天註定」。那麼努力就是多餘的。事實上，天才鋼琴家，每天還要苦練十到二十小時，才能嶄露頭角，可見任何成功者，天份只佔三成。至於「命運操之在己」，就是「有志者事竟成」的意思。但果眞只靠努力就能成功，那麼「

幸運」一詞就該從字典中銷除。取不到好陶土，固然燒不出好陶瓷；缺少了天份，即使有了好土材，塑出來的成品，必然匠氣十足，絕不可能成爲藝術品。此外，遇不到會鑑賞的人，藝術精品可能淪爲低俗容器，碰上經濟大蕭條，稀世之寶不如一斗白米！明乎此，便知「命」中有「運」，「命運」之外還有「時」、「機」兩個運數會左右人生的順逆。

▲鄭：我看「一分耕耘、一分收穫。」也得重新詮釋。

◎呂：勵志格言有其啓發性，但不一定符合驗證邏輯。以農人的經驗而言，稻麥翻飛的美景並不等於豐收圖，必須收穀入倉，才能斷言歉豐。事實上，稻麥成熟期，一個颱風或一場豪雨，都會使老農一季、半載的汗水付諸東流！不過我在拙作「菜根人生」中有云「勤耕耘未必能豐收；不耕種絕對無收成。」成功的人除了天份，半由努力、半靠運氣，應該是比較中肯的說法。簡而言之，大成就是拜「三運亨通」之賜。

現代人為何熱中占卜

▲鄭：古今中外玄學、巫術流派蕪雜，今世流傳的命相占卜術，據說亦有十多種，您對中外玄、巫的看法如何？

◎呂：就我所知，西方的占星術較爲熱門，我國臺灣的看相、摸骨、八字算命，都各有「市場」，晚近以紫微斗數鑽研者眾，但實際上，都是故弄玄虛，令人莫測高深，沒有一種能精準預卜吉凶、指點迷津，否則富人榜上必有命相師，不僅會「發」起來，也會「抖」起來！

▲鄭：誠然，但畢究仍有「市場」，而且算命問卜者不分階層，連知識界亦不例外，道理何在？

◎呂：

大家都說，「這是個知識爆炸的時代。」的確，不僅知識爆炸，科技的翅膀也硬了。但人們對人生現實和前景卻更有目迷心盲的無奈。現代人在這方面的心理症候群是：把過去當作斷了線的風箏，乾脆忘了它，不分析原因、不記取教訓。於是，「往者已矣、來者可追。」便成爲一般人的口頭禪。面對現實有如霧裡行舟，徬徨瞻顧，看不清周遭；拿不定方向。展望未來猶若「鏡花水月」，憧憬多多、信心缺缺。悲情蘇聯末代統治者戈巴契夫，曾對新聞記者講了個即興式笑話，他說：「密特朗有一百個愛人，其中一個感染了愛滋病，他卻弄不清是那一個。布希有一百個保鑣，其中有一個是恐怖份子，他也找不出是那一個。而戈巴契夫有一百個經濟顧問，其中一個是智多星，他同樣看不出是那一個。」這個笑話十分傳神地凸顯了現代人面對盲點的無奈。老戈大概不會去求神問卜，但西方政治領袖會在「主」的面前乞靈禱告，雷根的夫人南茜，據說對占星問卜近乎走火入魔。在臺灣的中國人，逢神就拜，連傳奇石頭和神話狗也有人膜拜，卻反過來譏諷泰國人和印度人爲蛇立廟、奉祠。明星、歌手、生意人走進命相館「慷慨解囊」不足爲奇，博士、碩士想藉命理玄學斂財者亦大有人在。最近中國大陸也流行算命，日本人「人小鬼大」，靈機一動就搞起多元占卜命相館，企業化經營，外加遊戲性噱頭，據說顧客盈門、生意鼎盛，對抱著姑且一試的人來說，所費不多，還眞能發揮點正面的心理效果呢！必須強調一點，沒有一個命相師會說：「你命中有橫財運，明天去搶銀行，包你沒事（不會被抓去槍斃）！」這就跟「盜亦有道」一樣，儘管唬得顧客一愣一愣的，但絕不會要人作奸犯科，否則，命相師自己就在劫難逃（封館下獄）。

風生水轉萬象循環

▲鄭：

風生水轉、物換星移，皆不離循環法則。但傳統風水說，似乎一直在玄、巫的巢臼打轉，在這方面有何獨到的見解？

◎呂：

「獨到」愧不敢當，蠡見亦不敢藏私。以科學理念談風水，就是人與自然的和諧關係而已。但人是社會動物，良好的自然和社會環境，應是居住品質的先決條件。一般風水觀，特別重視「陰宅」，如果「陰宅」風水特優，就能保證代代興旺，果如此，「五世其昌」就不是夢了。某企業集團創辦人，白手起家，家族跟著發達起來，風水師說，他們家祖墳風水好，但祖墳風水一直未變，兄弟之間竟然興衰兩極化，這該如何解釋？風水好壞關係活人的健康與和諧。因此，「陽宅」的選擇才是重點。人死如落葉飄零，無論怎麼處理，不影響「環保」才是重點。

▲鄭：能否簡明扼要地談談何爲吉屋，如何選擇？

◎呂：大致說來，山明水秀最宜人；治安良好、交通方便、人文薈萃是吉地。實際上魚與熊掌難得兼，都市人應重視的是治安、交通、市場、學校社區文化。房屋本身要鬧中取靜、通風採光良好，樓層因人而異，利弊互見。（超高建築、住於底層，心理上會有壓迫感，蚊蟲、蟑螂、老鼠容易入侵，灰塵多、較陰濕。十二層以上，地震的威脅最大，入睡或有懸浮感。六層以上，爬樓梯太累，搭電梯又怕陌生人心懷不軌。停電時，上下樓很辛苦，遇火警最怕怕。選上擇下，沒有絕對的標準）。此外，各人的方向感不同，房屋格局、床位方向應予考量。室外太接近變電所或高壓線距離過近，對健康不利。室內設計須斟酌空間大小，家電設備過大過雜亦不宜，因磁場強弱，關係健康、思維（腦波），不可不愼。還有，公共管理之良窳亦攸關居住品質。如車輛亂停，庭院荒蕪雜亂，垃圾亂堆，公共設施維修管理不善，住戶缺乏自律，鐵窗、花架、招牌五花八門，租屋房客不加過濾等等，不但住得不安、「不爽」，增値也難。

▲鄭：坐南朝北的房屋，是否較其他方向爲好？

◎呂：並不盡然。都市高樓，選樓還要選室，一流水準的大樓，不是每戶都好。選方位應以分戶爲主。至於郊區的住宅，以背山面水爲佳，但室內床位以頭山腳水的方位較宜，主要還在心理作用，非關吉凶。

▲鄭：「五世其昌」是富貴人家的夢想，有無例外？

◎呂：

「五世其昌」（五代都很興旺）爲何不易？這涉及循環律的問題。如果，富貴人家代代發達，貧賤家族就永無出頭日。有所謂「風水輪流轉」，而「創業惟艱、守成不易。」也有貧富無常的意涵。不過，既說「不易」，那表示機率雖低，仍有例外。譬如，民國兩位偉人的家族，氣運長短就極爲明顯。一位是孫氏家族，第三代已開始落寞。由於仰承餘蔭不知奮發，有一支還被列爲「無殼蝸牛族」！蔣氏家族就幸運多了，至少「慈」、「嚴」兄弟這一支，您可以大膽下注。因爲，這對孿生兄弟生於憂患，在「試煉」中長大，第四代篤定不會暴衰，「五世其昌」自然「十拿九穩」。

▲鄭：講到「無殼蝸牛」，又不免想到循環定律的應用。假如年輕人都知道景氣、蕭條有其循環性，暴跌之後容有暴漲，就不致在房價偏低時，寧願玩車不去買屋。遲來的猛省於事無補，扮成「無殼蝸牛」走向街頭，充其量只能博得一些同情而已。

◎呂：的確是這樣。在房屋市場滑落谷底時，租房子負擔輕鬆。於是，年輕人把有限的儲蓄用於購買轎車，以滿足其「有車階級」的虛榮心。殊不知，房屋是恆產，能擁有自己的「殼」才有安全感。有位女士告訴我，民國七十五年，臺北市和平東路安居街（緊靠捷運路線）的新建成屋，每坪跌到只有一萬左右，她買一戶五十多坪，三個兒子結婚，俱免「無殼」之憂。如今，若臺北市同一地段，還有十五萬元一坪的房子也是神話。某次搭一「老兵」駕駛的計程車，他一路大發牢騷，說政府未照顧「無殼蝸牛」。我問他，如果臺北市東區，現在有三十坪的房子，出價二百萬新臺幣就賣，你動不動心？他說：「恐怕他沒有那麼好的運氣。」我說：「成功國宅好不好？」對曰：「一流國宅。」「當初完工時，你有沒有資格買？」「有？」我毫不客氣地說：「那時市府每天揹負利息一百萬，爲了償債求現，平均每坪由八萬元降到六萬元，該買的人不買，當房屋市場開始復甦時，被有「殼」的人家捷足先登。現在要怪，很多人只能怪自己不用頭腦！」那位退伍老兵聽了啞口無言。俄頃，只見他聳聳肩一聲懊歎！

預言家莫非「愚人」家

▲鄭：國際知名的星相術士，常被稱爲「預言家」。記得一九八六年，黎巴嫩占星家塔伯特，在一月二十六日出刊的阿拉伯國際雜誌上爲文預測：一艘太空梭會在進入同溫層之前爆炸解體，科學家查不出失事原因，云云。果然，時隔兩天，美國挑戰者號太空梭，於升空不久爆炸墜海！於是，塔伯特聲名大噪。類似不幸言中的預言時有報導，是否「道行」較高的預言家，確能預卜吉凶？

◎呂：「愚者千慮」尚「偶有一得」。占星術士專擅玄虛，世人受愚猶牽強附會，不值識者一笑。常識告訴吾人，任何實驗皆有風險，太空梭失事，自有其或然性的機率。塔伯特只說「會」出事。並未明指某次升空一定出事，而「原因不明」亦爲事實所否定。同年，香港一國際知明相士，預卜虎年亞洲不靖，鄧小平也會死於虎年。所持理由是哈雷彗星每七十六年造訪地球一次。哈雷是不祥的象徵，本次造訪恰逢虎年。但事實證明是年亞洲風平浪靜，鄧某活到猴年（一九九二），猶在操控中共權力核心。

一九八七年，巴黎水晶球預言家，預測美國前總統雷根會在任內再度遇刺，而他卻平平安安任滿歸隱。那位預言家同時預測英國首相佘契爾夫人的政治生涯，不會超越一九八八年，但她直到一九九〇年才下臺，主政長達十一年之久！

▲鄭：國際知名預言家，曾對一九九一怎麼說？

◎呂：曾預言伊拉克總統海珊必然崛起的加拿大預言家卡爾，預測中東會奇蹟似的避免爆發全面戰爭。因爲從占星學來看，一九九一年元月十五日，只有中東能看到日全蝕，對美國及盟軍不吉利，對伊拉克則爲吉兆。事實證明戰爭仍然開打，而且，盟軍以最小代價獲致壓倒性勝利。他說，英國查理王子是年猝死，安德魯將繼承王位。中共會對某一國家發動侵略，愛滋病有治療驗方，至少有疫苗問世。紐約、波斯灣、羅馬將發生大地震。義大利比薩鐵塔會倒塌。加拿大魁北克獨立運動，會演變成流血衝突。南茜．雷根、黑人民權領袖曼德拉會患重病。……該預言家成堆的預測，只有一項有幸言中，那就是佘契爾夫人在一九九一到來之前，結束政治生涯。但佘契爾夫人因堅持實施「人頭稅」，所有的政治觀察家都已看出那個「稅」是她的致命傷。這種預言大可定位於「讀報心得」，根本就用不到星相占卜。

是年五月初喬治亞大地震，孟加拉颶風肆虐、南茜・雷根被內幕作家著書大肆醜化。印度國大黨領袖拉吉夫甘地於臺北時間五月二十二日零時五十五分遇刺身亡，使印度大選在最後衝刺階段發生影響深遠的變局。而這些大事，全球知名預言家都未曾提供一點訊息，該是何等諷刺？如果說，這些壞消息，對一九九一而言不啻「雞毛蒜皮」，那麼，全世界的焦點，應該都集中在東歐和蘇聯的變局吧？然而，就在這一年，東西德統一了，立陶宛等三小國完全獨立，大斯拉夫分崩離析，戈巴契夫未死於政變，卻被激進改革派將其權力架空，隨著一九九一年終了，「蘇聯」也成為歷史名詞！這樣旋轉乾坤的巨變，舉世歷史學家，戰略專家和政治觀察家，全都跌破眼鏡，而那些曾經名噪一時的預言家更是情何以堪？

▲鄭：蘇聯的瓦解，國際觀察家歸因於戈巴契夫的親信公然背叛和他本身魄力不足。我認為這正是他自己所感歎的「當局者迷」，但關鍵還在缺乏歷史的鏡子。共產社會從

官僚體系到經濟文化，各個層面全都是病態的，一個百病叢生的社會，只求小修小改、無濟於事。何況，老戈在位時把他的改革順位搞錯，而且外交和內政未能並重，應是最大的盲點所在。

◎呂：

的確是高見。政治改革必以經濟建設爲支柱。換言之，自由、民主皆不如麵包來得重要，誰能解決民生問題，誰就有資格掌握政權。戈巴契夫未能預見他個人的政治危機，以致變生肘間。葉爾辛要大破大立、朝發夕竟，也無異緣木求魚！在馬、列之前不曾有過共產主義，自然缺乏歷史的鏡鑑，但即使有面歷史的鏡子，從破壞到重建不是一蹴可及，這與階段性的極限有關。然而，人民擺脫了政治桎梏，反而耐性有限，這正是俄羅斯新政權最嚴酷的現實。相對地，中國大陸要好得多。因爲，鄧小平在經濟上的「小腳解放」已有十年。雖然「跛腳鴨」的諷刺在所不免，但至少藍螞蟻都已變成了花蝴蝶，連高級頭頭也卸下了毛裝打起領帶來（沐猴而冠）。經濟掛帥，必然牽動意識型態的質變，再來就是不得不然的政治開放（量變）。更何況中國還有個能起火車頭作用的臺灣（中華民國復興基地），而俄羅斯國協則無。

如果，中共現在就毅然放棄「四個堅持」，可謂時機恰好。只可惜「不到黃河心不死；不見棺材不落淚。」古今暴政如出一轍。這也正是中共領導班子的盲點所在。不過，中共大限已經不遠，正如英國詩人雪來所說：「如果冬天已到，春天還會遠嗎？」但話又說回來，大陸動亂，對臺灣甚至世界均非吉兆。但願東歐的悲劇，不致在中國大陸發生！

姓名筆劃無關吉凶

▲鄭：姓名學一度也很熱門，以筆劃論吉凶殊無道理。漢字有古體、今寫之別，亦有諸音、破音、異義之分。即使這都不是重點，翻開電話簿，同名同姓的人一大堆，而姓名筆劃相同的人，有的飛黃騰達，有些沒沒無聞，有的貧病交迫，還有人正在作奸犯科，可見姓名學毫無學術價值。

◎呂：以臺灣蔡氏家族爲例，兩代的名字無一不吉，但蔡辰洲英年早逝、空留遺恨，其叔蔡萬財，在擔任立法委員時，爲祛除銅臭味、沖淡「金牛」形象，乃將「萬財」易爲「萬才」，結果「懷才不遇」，仍須「惟財是務」。然而，姓名筆劃無關吉凶，仍應有些原則，那就是易認、順口、典雅、男剛女柔、無俗鄙諧音之混淆。有位仁兄名叫×⿰⿱乃百月⿱九⿰百千（據說讀爲朗、萬），這樣的名字，古今字典遍查不見，一般人更是傻眼。臺灣省有位女子名叫×蹄子，就憑這個名字就不可能「麻雀變鳳凰」，資深立委中有位×湘女（媒體文字中顯示他爲男士），如果向未謀面的民眾給他寫信，必然稱他「女士」。西方人男女取名猶重「陰、陽」，中國人男士取名女性化，女性取名男性化，雖皆無關雅俗、吉凶，至少偶有困擾，也會產生負面的心理反射。

有位記者訪問時任國防部副部長陳守山將軍，其中一段對話大意是「您在主掌警總兵符之前，曾任東防區司令，請問老總統的識拔重用，除了才幹，與省籍考慮有無關連？」陳將軍幽默地說：「可能與我的名字有關。」另一個故事要傳奇得多。如所週知，曾任參謀總長的黎玉璽將軍，軍職生涯一帆風順，但有則軼事鮮爲人知。民國三十七年，南京政局動盪，前線剿共失利，蔣中正總統以「下野」之身，盱衡大局，決定考察東南海疆形勢，乃乘太康艦出巡。（黎將軍當時擔任該艦艦長）每當蔣公命侍衛傳召黎艦長時，即聞應聲曰：「玉璽在！」玉璽是黃帝御印，對民國而言，它則象徵國祚，「玉璽在」等於國祚確保，這在老總統聽起來多少會起點心理作用。黎將軍的官運亨通，不是名字起得好，而是機緣好。毫無疑問，他的忠勤從此爲蔣公留下不磨的印象。如果一定說是吉名帶來好運，著者敢問，黎將軍若在清廷或袁世歍麾下做官，說不定會因名叫「玉璽」而遭人構陷以致招來莫須有的罪名也未可知。

▲鄭：聽說有人寫信給您，常將「大朋」寫成「大鵬」，不知爲何獨鍾「朋」字而不「鵬」取？

◎呂：坦白說，如果不是中共竊國，我不會安於「布衣」，至少做個「打仔立委」不是難事（一笑）。此時此地，別人給我「裝」了「翅膀」，我也無法「鵬程萬里」。因此，還是本份一點較好。

得失互見榮枯循環

▲鄭：物有兩極、事則相對。凡事有利必有弊；有得即有失。有人事事求全，結果不是希望落空，就是躊躇不前，這應該也是盲點所在？

◎呂：誠然，我在拙著「菜根人生」中寫道「人無小疾大疾不治；國無小難大難必亡！」因爲，有小病就會知所警惕，注意衛生保健，同時也能增加抗體、提高免疫力。在人如此，國家亦然。我的另一段話是「溫室的小花不抗霜；孤獨的小樹能自強。」和前者寓意相同。不少條件很好的女子，忍令年華流逝，總是難以擺脫「單身貴族」的尷尬，原因就是求全心理作祟。其實，當挑剔別人時，也要自問是不是「十全十美」？彼此欣賞對方的優點，也能包容對方的缺點，戀愛和婚姻就不致流於虛幻的浪漫。求全將永遠「抱殘守缺」，愚莫大焉！

求全的心理不健康，太幸運也要付出較高的代價。記得若干年前，一對旅美多年、鶼鰈情深的夫婦，當先生患了絕症時，太太想來想去只有跟他一道去。因爲，太幸福、太恩愛，一旦落單，必然了無生趣，更不會追求什麼「第二春」。於是，他們就選擇了雙雙服毒自殺，硬使另一個健康的生命，提前畫下休止符！也許愛情至上主義者，會欣賞讚美如此悽艷的結局，但若膝下尚有未成年的兒女，就這樣相偕「化羽成仙」、飄然而逝，豈能了無遺憾，又豈是完美的結局？

▲鄭：升學、就業選「熱門」，生兒育女也一窩蜂趕在龍年湊熱門，這種心態，以極限命理的觀點看是否健康？

◎呂：生活上趕時髦、追流行無傷大雅。求學、就業應各走各路、各展所長。除了主觀條件，也要洞察客觀需求。在臺灣，「金飯碗」的郵局和銀行，五十年代已經退色。六十年代建築師很風光。七十年代都計、環保出路大好。求學就業要以本身的天份、性向配合社會的脈動。現在的「熱門」，很可能幾年後變成「冷門」，如果人才供過於求，往往畢業就是失業，文憑主義更是要不得。幾年前，有位朋友爲兒子執意投考軍校，鬧得父子失和。我問那位朋友：「您認爲他是不是做職業軍人的料？」「這點我可以肯定。不過，人家都擠熱門，我的孩子偏愛冷門，你說我能讓他去嗎？」我說：「讓他去，就因爲他適合做軍人而競爭的壓力又小，二十年後，別人的孩子還在原地打轉，而你的少爺可能已是叱吒風雲的將軍了！」至於年輕夫婦，搶著在龍年生兒育女，將使龍年的孩子倍感競爭的壓力。望子成龍、望女成鳳，倒頭來極可能是害了他們！另外有人爲求配合吉年吉日，讓孩子早產，也是愚不可及。單就傳統命理言，受孕在那一天，才是宿命的基準。易言之，胎懷十月才是正常。人工早產，只能製造「稗子」，無法改變其宿命。

▲鄭：您說世人的通病「福多不珍」，而我則更同意「福多招災」的說法。臺灣同胞患「富貴病」的人，愈來愈多，很多病痛是吃出來的。

◎呂：正是，寶島的中國人善吃，中國大菜、小吃，日本料理，美國漢堡，義大利比薩，……。凡是能吃的無所不吃；能喝的樣樣都喝。飲食佔去家庭消費的三分之一，結果，很多人都因營養過剩，體型橫向發展！於是，減肥原是大人的課題，現在，小孩子也面臨這種壓力。據統計臺灣地區（人口不過二千萬多一點），光是「洗腎」的病人，每年就有九千人之多！心臟病、糖尿病、高血壓等「富貴病」，更是多得驚人。所以，我在「菜根人生」中寫到「福多招災；福多折壽。」又曰「會說，說出快樂來。會吃，吃出健康來。會穿，穿出氣質來。會玩，玩出天份來。」這「會吃」，學問可大著呢！

▲鄭：講到「得中有失」，我聯想到「單身貴族」。在貧苦國家裡，沒有這個「新族類」，我國拜經濟繁榮之賜，「單身貴族」成爲很時髦的一群，您對這個現象有何看法？

◎呂：文明富裕的社會。個人主義「掛帥」。男女都有工作權，只要想工作，就能經濟獨立，誰也不須依靠誰。對女人來說，「嫁漢、嫁漢，穿衣吃飯。」的時代早已過去。因此，遲婚和根本不想結婚的年輕人，自己養自己，「海闊天空」、多麼自在？何等愜意？這就是「單身貴族」產生的背景。從前有所謂「養兒防老」，如今，年輕人對父母多無感恩反哺之心，如何還敢指望兒女會有所回饋？有遠慮的人不多，即使有，在他們想來大不了儲蓄一筆養老基金不就解決了？要不然就把養老的「包袱」丟給政府。不過，表面看「單身貴族」既光鮮又逍遙自在。事實上，當他（她）們獨處時，空虛寂寞的小蟲，就會爬上心頭，以致心神不寧、坐立不安。這就是「單身貴族」和「夜貓子」難以劃清界線的原因。然而，夜生活是浪漫地、迷醉地，但也會使人頹廢、靡爛。尤其，當孤枕失眠時，想想將來、摸摸現實，誰是噓寒問暖的伴侶？誰是枕邊細語的良人？穿華衣、吃美食，人生的意義就是如此這般，那與「造糞的機器」何異？說穿了，「單身貴族」並不快樂，他（她）們之所以「包裝」得那麼光鮮，還是有個夢想在支撐著，一旦美人遲暮、夢想成空，整個人就像崩潰了一樣。基本上，有些人不了解生命的意義和生活的目的，假如他（她）明白，人活著要有使命感，享受自主權利的同時，也要盡做人的本份。如果只要權利，不盡責任，那就是浪費生命、愧對父母。婚姻問題專家，只強調男女平權，絕少觸摸婚姻的實質。事實上，每個人都過份強調自我，那無疑是孤立自己，對別人要求愈多，相對地失去也愈多。很多資秉優秀的人視結婚為畏途；視生兒育女為累贅。長此以往人口素質終將出現「劣幣驅逐良幣」的現象。因之，國民素質必然下降；社會活力隨之衰退。若撇開社會責任不談，僅就「單身貴族」切身的體驗而言，其實又那裡會有眞正的快樂？影壇艶星王祖賢就曾對熠熠紅星林青霞說：「當夜深人靜，一個人獨處時，眞希望有個肩膀給我靠。」林青霞表示也有同感。這說明了，再多的掌聲和再多的片酬，也沒有眞實愛情來得實惠。可是做爲一個電影明星，只能擁抱觀眾，把美好的形象獻給觀眾，把空虛寂寞留給自己！

▲鄭：談到「劣幣驅逐良幣」的問題，使我想要了解您對「歹竹出好筍」如何詮釋，這是否也關係到循環和平衡的問題？

◎呂：從優生學的觀點看，優良品種必能培育出優質的幼苗。資秉優秀、體質良好的男女結爲夫妻，所生兒女自然也會聰明、健康。但是，優質者不重創造繼起的生命，儘把機會讓給劣質的人，這就形同「劣幣驅逐良幣」一樣，自然不是好現象。但臺灣諺語中的「歹竹出好筍」和「歹瓜出好子」，這兩句話中的「歹」字，應作「寒微」

解。貧賤夫妻天賦本質不一定低劣，相反地他們卻可能有著善良、知恥、勤奮、堅毅的心性和志操。因此，所生兒女必知上進，這就是英傑忠良大多出自寒門的緣故。「富不過三」、「寒門出將相」均不違「天道循環」。就生命不滅論的角度看，也有其機會均等的平衡意義在。

▲鄭：絃外之音的另一話題，是對張學良與孫立人二人的得失觀。他們都曾叱吒風雲、名揚海內，結果也都成爲歷史上爭議人物，您對他們二人的一生，或得或失有何看法？

◎呂：我在「從西安事變到大陸淪陷——不堪回首話當年」一篇長文中，對張少帥之功過曾作過評析，其中談到西安事變之影響曾如此寫到「假如沒有西安事變，陝北殘共必成歷史飛灰。……」意思是說，抗日勝利中國又淪爲萬劫不復的地步，「西安事變」是主要禍源。但嚴格地說，知識份子和輿論界也應負一半的責任，當時舉國輿論一致呼籲團結、槍口對外，張學良之所以鑄下大錯，毋乃受全國輿論之影響。更客觀一點說，是國家運舛，又逢「紅潮」高漲，即使沒有「西安事變」中國仍不免有共產浩劫，只是主角可能不是當年陝北那批赤佬而已。因爲，中國與蘇聯靠得太近，而共產主義又祇適合在落後國家傳播。當年共產主義的熱度幾乎壓倒三民主義，許多知識青年懷著「取經」的狂熱到蘇俄去留學。巴金、魯迅、田漢等知名作家更是露骨的「左傾」。（除魯迅死得早，餘皆下場悲慘）。我們此刻討論的不是張的功過，而是以哲學觀點來看少帥個人一生的得失。當然，張從「副統帥」的高峰，一變而爲「階下囚」，這無疑是戲劇化的轉折和難以想像的殘酷事實。但是，少帥失去了事業的戰場，卻在情場上又寫下輝煌一頁，可謂失諸滄海收之桑榆。世人都說「夫妻本是同林鳥，大難來時各自飛」。而張少帥和趙四小姐的故事，則否定了這一「鐵則」說法。趙四小姐原是少帥的紅粉知己而已，但在少帥落難時，自願跟隨著他、陪伴著他。來臺後很長一段歲月，幽禁在人煙稀少的山地。過慣了繁華生活的趙四小姐，竟能有難同當、無怨無悔凡數十年！這一磨難姻緣，實爲愛情史詩的最佳範本，也爲現代兒戲婚姻提供了反諷的最佳腳本，而故事的男主角，正是迄仍健在的張學良先生。

至於孫立人將軍，原來並無兒女，在他軍人生涯畫下句點之後，有一天陪著夫人去佛寺晉香，巧遇一位女信徒，在搭訕時，孫夫人問她願不願到孫家幫忙？就這樣姻緣路上巧相逢，這位後來的如夫人，爲孫立人生下四個兒女，四兒女均很傑出（兩個博士，兩個碩士）。這是最後一張漂亮的「成績單」，也可說是孫立人生命綿延循環的再出發！假如孫立人臨終能有「生命一線、人生如珠」的憬悟，（佛門唸珠，是串連在線圈上的）。就會有生時無愧、死而無憾的平靜和安慰了。

▲鄭：記得您曾在朋友喜宴上，講述一段有關得失的故事，當時眾皆莞薾，我卻未聽清楚，能否再講一遍？

◎呂：二十多年前，有甲乙兩個年輕的朋友，追求一個美麗的女孩子，那個女孩子起先和甲很要好，不久又傾向乙，最後她選擇了甲。訂婚那天，甲得意地問我「您願意給我一點意見嗎？」「你贏了，我祝福你！」我說。甲聽了覺得有點怪怪地，但當時他還是說聲「謝謝」。未幾，乙也訂婚了。未婚妻的容貌平平，風姿也談不上綽約。乙也問我他的決定是否明智？我同樣祝福他，而且肯定地說：「你是眞正的贏家！」

他聽後也感到我的話莫測高深。二十年後甲夫婦勞燕分飛，兩個孩子也不很上進。乙的兒女都學成就業，個個表現出眾。而且，不久就要抱孫子了。那天講故事的場合，正是乙爲長子辦喜事的宴席上。乙至此方悟當年我爲何肯定他是眞正的贏家，原來他要的太太雖然貌陋，學歷、內慧卻超出甲妻多多。因此，妻賢子肖可以預料。至於甲當初定婚時，我祝賀他「贏了」也並非客套。事實上，他是在愛情遊戲中，反敗爲勝。可是我明知甲在婚姻路上不會很順，也只有祝福的份了。

▲鄭：聽說，有一個林姓青年，經常抱怨家境不如世交的陳家，後來經您指點，從此心理平衡、發奮向上。請談談他接受輔導的心理路程？

◎呂：談不上輔導，我只是點破他的迷津而已。陳林兩家是世交，日據時代林家是陳家人的「頭家」（老闆），歷經三代，兩家家運興衰易位，現在已到了第五代，正處於循環週期的臨界點。我告訴林姓少年，譬如賽跑，過去你們贏他，現在你們輸他，兩家正好扯平，下一次你們又會贏他，而且，可能不出兩代。如果，你看上陳家的女兒，就放膽追求好了。同時你不妨告訴她：只要妳嫁我，幸福跟著來。那青年也眞夠聰明，居然一點就破！

▲鄭：國內年來街頭運動顯著減少，但政局卻又浮現不祥的變數。繼統、獨之爭，什麼「派」、什麼「結」又甚囂塵上。海峽彼岸，百病叢生，還擺出既拉猶打的兩手策略，您就國運與天下大勢的展望，有何看法？

◎呂：本乎學術的良知，願一抒個人淺見。首見，我要指出「有蟲未必先腐；物腐一定生蟲。」政局不安出在一個「私」字上面。國民黨爲何選舉失利？原因之一就是黨內紛爭不斷，讓反對黨揀了便宜。此外，「當家三年狗也嫌。」多元政治，執政黨不可能永遠佔盡優勢。民進黨說「三年執政」，有人譏爲癡人說夢，既拿不出「夠看」的治國理念，人才也不過「小貓三隻兩隻」。我的看法，前者是民進黨走向執政之路的最大障礙，如果他們不再屁股對著廟堂（國會殿堂）宣誓，邁向執政之路，將會順利得多。而且，所付社會成本也最小。否則，會將臺灣的命運置於危險的十字路口！至於人才荒倒不是大問題，政客和社會菁英的感官一向敏銳，那邊「行情看俏」，就往那邊靠，正如股市心理，「追漲不追跌」一樣。以言海峽彼岸，更是「開綻的鞋幫兒——提不起來了。」香港中文大學的朋友，每次見面，就對臺灣的政爭（包括反對黨的臺獨意識）憂形於色。我則安慰說：臺灣的亂全在「枱面」；大陸則像火山爆發前的寧靜。就是因爲這個緣故，所以，此岸的「亂」才未誘使中共蠢蠢欲動。如果，是十年前，中共絕對不會坐失良機，這就是我說的階段性的極限。這邊紛爭不斷，那邊信心危機到了冰點，於是海峽風雲產生了槓桿性的平衡。執政黨只關注中共對「臺」政策的不友善，似乎沒有想到大陸發生全面動亂的可能性，而大陸一旦爆發大動亂，臺灣就像處於火舌四竄的死巷，即使不致灼傷皮肉，也會烤焦眉毛！想置身事外、隔岸觀火，絕對不會那麼「輕鬆」。所以，政府應在政治革新上，力求穩步發展，對大陸情勢也要有前瞻性的估測，從而未雨綢繆，方可免驟雨來時才覓傘的窘迫感。理智的說，大陸如能和平演變，即使政治開放的腳步慢一點，總比發生「文革」式的動亂爲好。如果一旦爆發全面性大動亂，絕對是世界性的災難，連美國都將是直接受害者！單就難民潮而言，將如蝗災一般地可怕。現在，中國大陸的政局還在「有效」控制之中，硬闖新大陸的中國「船民」即有十二艘次之多！一葉知秋，中國大陸爆發大動亂，對臺灣乃至全球都將是不折不扣的凶訊！或許有人樂觀的說，中國大陸經濟成長可觀，政局不致有爆炸性變化，這是膚淺之見。如果細察，大陸失業或「待業」者就有二億人。大多數農民繳糧只收到一張紙條。虧本關廠的公營事業，工人沒有出路，憤怒之火將成燎原之勢。城市「盲流」亂竄，治安失控。大官小官，軍人、公安，無一向前看，人人向「錢」看。貪污舞弊、賄賂公行，紀律蕩然，人心思變。教授月薪二百元，機關司機月入三百元，有時「公車私營」收入多達千元，知識份子作何感想！「哀莫大於心死；危莫甚於心盲。」悲劇人物戈巴契夫於下臺前，即已體會出「心盲」的無奈。因此，縱然政治生命無力回天，論智慧仍不失爲一代梟雄。只可惜兩岸三黨的政治人物，均有程度不同的「心盲」而不自覺。兩岸本可良性競爭，互補共榮，不求「獨」、不急「統」，順其自然、「水到渠成」，這才是中國前途之所繫的最高智慧，其奈缺乏交集，難有共識，就現實看未來的發展並不樂觀！

最後談談「省籍情結」、「流派情結」、還有什麼「結」、什麼「結」……。

中國人自古就愛「結」，君不見還有所謂「中國結」的藝術品在展示或出售？就人性的觀點論，兩個人在一起就會有磨擦，三個人在一起就會有猜忌；五個人在一起就蜚短流長，十個人在一起，就結夥分派。論「情結」，家族、父子、夫妻、兄弟、上司與部屬、資方與勞方……有著說不完的「結」。曹操的長子曹丕因嫉妒三弟曹植的文才，乃命其「七步成詩」，不就是兄弟「情結」的最佳例證？說穿了「省籍情結」是別有用心的人刻意挑撥。這年頭只要利害一致，連魔鬼都可擁抱，反之，親兄弟也會反目成仇，何止「情結」之有？

附錄(二)

拾、生死了悟歌

1.生命永恆

生命譬如一粒穀，
孕育茁壯把穗吐。
新穀登場舊穀去，
新殼轉眼變舊穀。
新陳代謝一脈傳，
休歎枯禾隨風舞！

2.死不入土

我本來自父與母，
為何辭世要入土？

孝子賢孫止三代，
三代之後鮮念祖。
世人多聞爭遺產，
幾見後裔爭掃墓？
大户棺槨常被盜，
帝王陵寢好考古。
公墓墳穴輪流用，
偶促骯髒不忍睹；
閥閱墓園好氣派，
衣冠終將陪屍腐。
若逢大難子孫散，
從此荒塚誰人顧？
有朝山洪滾滾下，
想見荒郊暴枯骨！

3. 回歸自然

父精母血皆自然，
十月懷胎到人間。
養育教導歷艱辛，
十年樹樹百年人。
世代碌碌第一件，
繁衍綿延薪火傳。
生命意義在繼起，
生活目的不平凡。
有無己出休煩惱，
社會責任莫虧欠。
一旦功成大限到，
後事無妨自己選。
了悟生死行四不，

一火成灰最簡便。
骨灰散作山林肥，
墳場不再成景觀！
人死若果有靈魂，
大限來時已離身，
從此魂遊大自然，
且伴良人去成仙！

4. 後事四不

世人沿襲舊風俗，
我倡壽終行四不。
一不去那殯儀館，
二不入那醜棺木，
三不搭那靈柩車，
四不進那髒墳墓。

彌留只把儀容衣冠整，
再勞救護車兒送一程。
兒孫無淚休假哭，
披麻戴孝也夠俗。
冥紙祭儀全都免，
一火淨化自由魂。
生來，乾乾淨淨；
死去，簡簡單單。
先事無憾，
後事輕鬆。
從此，
死人不與活人爭地，
欣見，
大好原野一片美麗！